DIALOGO DELL'IMPRE- SE MILITARI ET AMOROSE

Di Monsignor Giouio Vescouo di Nocera;

Et del S. *Gabriel Symeoni Fiorentino.*

Con vn ragionamento di M. Lodouico Domenichi, nel medesimo soggetto.

Con la *Tauola.*

IN VIRTVTE.   ET FORTVNA.

IN LYONE,
Appresso Guglielmo Rouillio.

1 5 7 4.

AL MOLTO VIR-
TVOSO ET HONORATO
M. Lodouico Domenichi, Gu-
glielmo Rouiglio
Salute.

Vantunque io nõ dubiti punto M. Lodouico honoratisimo, che'l veder fuori à quest'hora il Dialogo dell'Imprese di Monsignor Giouio vi porga vna subitana marauiglia, tutta volta tengo per certo, che intesa la cagione, cesserete di marauigliarui. Percioche trouãdom'io, quando la cortesia vostra mi fece appresentate il libro per M. Francesco e Simon Mazzei, sul principio dell'intaglio della Castrametatione e Religion de'Romani, oue teneua tutt'i miei intagliatori e pittori occupati, per non poterui

A 2

attender così in pronto, dissi loro, ch'io e per l'affettion, che porto all'Autore, le cui historie haueua digià fatte tradurre & stampare in nostra fauella Francese, & anco per sodisfare à voi, che con tanta amoreuolezza à ciò m'inuitauate: doue vi piacesse hauer patienza infino à tanto, che l'incominciato lauoro si mandasse à fine, l'haurei con tutti quegli honori & ornamenti, che da me si potesser maggiori, volentieri mandato fuora. La onde standomi in questo proposito, à pena i miei s'eran della prima occupation liberati, che mi venne in mano il libro stampato in Roma; ilquale poscia che io hebbi riscontrato col vostro, e trouatolo mal conforme e peggio corretto, mi crebbe tanto più il desiderio di sodisfarui, quanto si vedeua aperto si fatta impressione esser seguita contro la vostra volontà. E così feci con ogni caldezza metter mano all'opra: laquale per cagion delle figure, che visi richieggon conuenienti à si nobil soggetti, non s'è potuta assoluere infino al presente tempo. Perche voi veduta la mia tardanza (e perauentura anco persuasoui, che, per essere il libro stampato in Roma, io me ne douessi hoggi mai restare) per non far torto all'autore, & à voi stesso, che sostenete buona parte del detto Dialo to Dialogo; ne indrizzaſte vn'altra copia à M. Gabriello Giolito in Vinegia inſieme con l'aggiunta d'alcun'altre voſtre impreze della medeſima argutezza e leggiadria: laqual coſa mi ritenne vna buona pezza in forſe : e veramente s'io non mi foſsi trouato tanto innanzi (che già era di là del mezo de gli intaglij e figure) non è dubbio, che queſto intoppo m'haurebbe fatto abandonnar l'impreſa; non già ch'io mi pentiſsi di voler compiacere à voi, ma ſolo per non far torto al buon Giolito; cui io per li ſuoi meriti di verſo me honoro & oſſeruo con quello affetto, che ſi dee oſſeruare vn preſtantiſsimo e pietoſo Padre. Trouandomi dunque tanto innanzi, e per la vaghezza delle figure anco ſpronato da molti gentili ſpiriti à condur l'opra à fine, non hò potuto mancare al merito della coſa & al deſiderio degli amici. Ecco hauete à pieno la cagione della mia tardanza. Reſta hora, il mio Domenichi, che voi mi facciate buona la ſcuſa ſecondo la ſemplicità, che vi ſi narra; e che accettiate il libro con quel buon cuore, che vi ſi manda. Percioche è coſa ragioneuole; che, hauendolomi voi mandato à donare in belliſsima ſcrittura e pittura di mano, io lo vi rimandi altreſì in belliſsimi caratteri di ſtampa e di figure d'intaglio.

A 3

Accettando dunque il libro come voſtro, c'l buon' animo come mio, ſarete contento di tenermi ſempre verde nel ricco teſoro de la voſtra memoria, con iſpendermi liberamente per quel, ch'io vaglio, come voſtro buono amico e fratello. E con queſto reſto pregando il Signore, che ſia ſempre voſtra cuſtodia e compagnia. Di Lione il dì xxi. di Giugno del lix.

DIAL

DIALOGO DELL'IM-
PRESE MILITARI ET
amorose di M. Paolo Giouio Vescouo di Nocera,

Al magnanimo Signor Cosimo de' Medici Duca di Fiorenza.

Interlocutori esso Monf. Giouio, & M. Lodouico Domenichi.

Anta è la cortesia di vostra Eccellēza verso di me, ch'io mi tengo obligato à renderui conto di tutto quell'ocio che'n gran parte, à vostre amoreuoli eshortationi, mi sono usurpato in questi fieri caldi del mese d'Agosto nimico della vecchiaia. E perciò, hauendo io tralasciata l'historia, come fatica di gran peso, mi sono ito trastullando nel discorrere con M. Lodouico Domenichi, che à ciò m'inuitaua, soprà l'inuentioni dell'imprese, che portano hoggidì i gran Signori. Di modo ch'essendo riuscito questo picciol trattato assai piaceuole e giocondo, e non poco graue per l'altezza e varietà de'soggetti, mi sono assicurato di mandaruelo; pensando, che vi possa es-

sere opportuno passatempo in così fastidiosa stagione; & in ciò hò imitato il vostro semplice hortolano, che spesse volte sopra la vostra tauola ricca di varie e pretiose viuande, s'arrischia di presentare vn panierino de' suoi freschi fiori di ramerino e di borana, per seruire à vno intermesso d'vna saporita insalatuccia. Hà questo trattato molta similitudine con la diuersità de' detti fiori, ameni alla vista, e gratissimi al gusto; ilquale sarà anchor tanto più grato à voi valoroso Signore, quāto ch'egli è nato in casa vostra, e l'argomēto del presente discorso hà hauuto principio in tal guisa; Che vsando meco famigliarmente M. Lodouico Domenichi, per cagione di tradurre continuamente l'historie nostre Latine in volgar Toscano, à buon proposito entrò à ragionare della materia & arte dell'inuentione & imprese, lequali i gran Signori e nobilissimi Caualieri à nostri tempi sogliono portare nelle sopraueste, barde, e bandiere, per significare parte de' lor generosi pensieri: al che risposi io. GIOVIO. Il ragionare appuntatamente di questo soggetto è proprio vn'entrare in vn gran pelago, e da non poterne così tosto riuscire. DOMEN. Per gratia Monsignore essendo voi persona di facile memoria e spedito ingegno, siate cōtento di toccarmene vn sommario, massimamente, poi che vi trouate scioperato dallo scriuere l'historia in questi noiosi giorni, ne' quali assai studia e guadagna
chi

chi stà sano; ne si possono più ageuolmēte trapassare, che con la piaceuolezza del ragionare di simili amenissimi cōcetti; iquali appartengono all'historia, e parte riducono à memoria gli huomini segnalati de' nostri tempi, che già son passati all'altra vita nō senza laude loro: e questo vi sarà molto ageuole, hauendo voi già fatto, per quel ch'io intēdo, molte di queste imprese nella vostra più fresca età à quei Signori, che ve ne richiesero. GIO. Questo farò io volontieri, con patto, che voi m'interroghiate à parte per parte, & io vi risponderò amoreuolmente, purche non mi oblighiate alla seuerità delle leggi di questo scelto parlar Toscano; perche io voglio in tutti i modi esser libero di voler parlare alla cortigiana, senza essere scropulosamente appuntato dalla vostra Academia; ricordandomi d'hauer ancho altre volte scritto il libro de' Signori de' Turchi di casa Othomana, il qual fu molto ben letto & inteso dal grande Imperadore Carlo V. DOM. Ringratioui infinitamente di tale offerta: ma ditemi prima, se il portar queste imprese fu costume antico? GIO. Non è punto da dubitare, che gli antichi usassero di portar Cimieri & ornamenti ne gli elmetti e ne gli scudi: perche si vede chiaramēte in Vergil. quādo fà il Catalogo delle gēti, che vēnero in fauore di Turno contra i Troiani, nell'ottauo dell'Eneida; Anfiarao ancora (come dice Pindaro) alla guerra di Thebe portò vn dragone nello scudo. Statio scriue similmente di Capaneo e di Polinice; che quelli portò l'Hidra, e questi la Sfinge. Leggesi etiandio in Plutarco, che nella battaglia de' Cimbri comparue la caualleria loro molto vistosa sì per l'armi lucēti, sì per la varietà de' Cimieri sopra le celate, che rappresentauano l'effigie di fiere seluaggie in diuerse maniere. Narra il medesimo autore, che Pōpeo Magno vsò già per insegna vn Leone con vna spada nuda in mano. Veggonsi anchora i rouesci di molte medaglie, che mostrano significati in forma dell'imprese moderne; come appare in quelle di Tito Vespasiano, dou'è vn Delfino inuolto in vn' anchora, che vuole inferire; PROPERA TARDE. Ma lasciando da canto questi essempij antichissimi, in ciò ne fanno ancora coniettura i famosi Paladini di Francia, iquali (per la verità) in gran parte non furono fauolosi; e veggiamo (per quel che gli scrittori accennano) che ciascun di loro hebbe peculiare impresa & insegna. Come Orlando, il Quartieri; Rinaldo, il Leone sbarrato; Danese lo Scaglione; Salomon di Bertagna, lo Scacchiero; Oliuieri, il Grifone; Astolfo, il Leompardo; e Gano, il Falcone. Il medesimo si legge de' Baroni della Tauola ritonda d'Artu glorioso Rè d'Inghilterra. L'vsarono similmente i celebrati ne' libri della lingua Spagnuola, Amadis de Gaula, Primaleon, Palmerino, e Tirante il Bianco. Hora in questa età più moderna, come di Federigo

Barbar

DI M. GIOVIO.

Barbaroſſa, al tempo del quale vennero in vſo l'inſegne delle famiglie, chiamate da noi arme donate da' Prencipi per merito dell'honorate impreſe fatte in guerra, ad effetto di nobilitare i valoroſi Caualieri, nacquero bizarriſſime inuentioni di Cimieri e pitture ne gli Scudi; il che ſi vede in molte pitture à Fiorenza in Santa Maria nouella. Ma à queſti noſtri tempi dopò la venuta del Rè Carlo Ottauo e di Lodouico XII. in Italia, ogn'vn, che ſeguitaua la militia, imitando i Capitani Franceſi, cercò di adornarſi di belle impreſe; delle quali riluceuano i Caualieri appartati copagnia da copagnia con diuerſe liuree; percioche ricamauano d'argento di martel' dorato i ſaioni, le ſopraueſte, e nel petto e nella ſchiena ſtauano l'impreſe de' Capitani; di modo che le moſtre delle genti d'arme faceuano pompoſiſſimo e ricchiſſimo ſpettacolo, e nelle battaglie ſi conoſceua l'ardire, e'l portamento delle compagnie. DOM. Io m'aueggio bene, Monſignor, che voi hauete freſca memoria, e però ſiate contento ragionarmi di quelle tutte, c'hauete vedute: perche ſò molto bene, che hauete conoſciuti, e veduti per faccia tutti quei Capitani che ſon contenuti & celebrati nella voſtra hiſtoria; & ragioneuolmente hauete dinanzi a gli occhi la vaghezza de gl'ornamenti loro. GIO. Non mancarò di ridurmi à mète tutte queste coſe, che voi domandate, parendomi di tornare vn'altra volta giouane,

nel

nel fauellarne, delle quali tanto mi dilettaua già, che ben pareua vero pronostico, ch'io hauessi à scriuer l'historia loro. Ma prima ch'io venga a questi particolari, è necessario, ch'io vi dica le conditioni vniuersali, che si ricercano a fare vna perfetta impresa: il che forse è la piu difficile, che possa essere ben colta da vn'ingegno perspicace & ricco d'inuentioni; laquale nasce dalla notitia delle cose scritte da gliantichi. Sappiate adunque M. Lodouico mio, che l'inuentione ò vero impresa, s'ella debbe hauere del buono, bisogna c'habbia cinque conditioni; Prima, giusta proportione d'anima & di corpo; Seconda, ch'ella non sia oscura, di sorte, c'habbia mistero della Sibilla per interprete a volerla intendere; ne tanto chiara, ch'ogni plebeo l'intenda; Terza, che sopra tutto habbia bella vista, laqual si fa riuscire molto allegra, entrandoui stelle, Soli, Lune, fuoco, acqua, arbori verdeggianti, instrumenti mecanici, animali bizzari, & vccelli fantastichi. Quarta non ricerca alcuna forma humana. Quinta richiede il motto, che è l'anima del corpo, & vuole essere communemente d'vna lingua diuersa dall'Idioma di colui, che fa l'impresa, perche il sentiméto sia alquanto più coperto: vuole anco essere breue; ma non tanto, che si faccia dubbioso; di sorte che di due ò tre parole quadra benissimo, eccetto se fusse in forma di verso, ò intero, ò spezzato. Et per dichiarare queste conditioni, diremo, che la

sopradetta

*sopradetta anima & corpo s'intende per il motto, ò
per il soggetto, & si stima che mancando ò il soggetto all'anima,ò l'anima al soggetto, l'impresa non
riesca perfetta. Verbi gratia; Cesare Borgia Duca di
Valentinois, usò un'anima senza corpo, dicendo,*
AVT CAESAR, AVT NIHIL. *volendo dire,
che si voleua cauar la maschera, e far pruoua della sua
fortuna; onde essendo capitato male, e ammazzato
in Nouarra, M. Fausto Maddalena Romano disse,
che'l motto si verifico per l'ultima parte alternatiuo,
con questo disticho,*

 *Borgia Cæsar eram factis,& nomine Cæsar,
  Aut nihil, aut Cæsar, dixit, utrunque fuit.*

*E certamente in quella sua grande, e prospera for-
             tuna*

tuna il motto fu argutißimo: e da generoso, s'egli ha ueße applicato vn proportionato soggetto, come fece suo fratello Don Francesco di Candia, il quale haueua per impresa la montagna della Chimera, ouero Acrocerauni fulminata dal Cielo, con le parole ad imitatione d'Horatio, FERIVNT SVMMOS FVLMINA MONTES. Si come verificò con l'infelice suo fine, eßendo scannato e gittato in Teucre da Cesare suo fratello.

Per lo contrario disdice etiandio vn bel soggetto senza motto, come portò Carlo di Borbone Conestabile di Francia, che pinse di ricamo nella sopraue/ta della sua cōpagnia, vn Ceruo con l'ali, & io lo vidi nella giornata di Ghiaradadda, volendo dire, che non bastando

stando il correr suo naturale velocissimo, sarebbe volato in ogni difficile e graue pericolo senza freno. Laquale impresa, per la bellezza del vago animale, riuscì (anchor che pomposa) come cieca, nõ hauendo motto alcuno, che gli desse lume; il che diede materia di varia interpretatione; come acutissimamente interpretò vn gentil'huomo Francese, chiamato la Motta Augrugno, che andò in Roma appresso il Papa, quando venne l'acerba nuoua del Re Christianissimo sotto Pauia; & ragionandosi della perfidia di Borbone, disse à Papa Clemente, Borbone, anchora che paia essere stato traditore del suo Re, & della patria, merita qualche scusa, per hauer detto molto auanti quel, ch'ei pensaua di fare, poi che portaua nella soprauesté il Ceruo con l'ali, volendo chiaramente dire, c'haueua animo di fuggire in Borgogna; al che fare non gli bastauano le gambe, se non hauesse hauuto ancho l'ali, & perciò gli fu aggiunto il motto: CVRSVM
INTENDIMVS
ALIS.

Hebbe

Hebbe ancora questo medesimo difetto la bellissima impresa, che portò la S. Hippolita Fioramõda Marchesana di Scaldasole in Pauia, laquale all'età nostra auanzò di gran lunga ogn'altra donna di bellezza, leggiadria, & creãza amorosa; che spesso portaua vna grã veste di raso di color celeste, seminata a farfalle di ricamo d'oro, ma senza motto; volendo dire & auertire gl'amãti, che nõ si appressassero molto al suo fuoco, accioche tal hora non interuenisse loro, quel che sempre interuiene alla farfalla, laquale per appressarsi all'ardente fiãma, da se stessa si abbrucia, & essendo dimandata da M. di Lescu bellissimo & valorosiss. Caualiere, ilquale era allhora scolare, che gli esponesse questo significato; e' mi conuiene (diss'ella) vsare la medesima

medesima cortesia con quei gentilhuomini, che mi
vengono à vedere, che solete vsar voi con coloro,
che caualcano in vostra compagnia; perche solete
mettere vn sonaglio alla coda del vostro corsiero,
che per morbidezza, & fierezza, trahe de calci,
come vno auuertimẽto che non s'accostino, per lo pe
ricolo delle gãbe. Ma per questo non si ritirò Monsignor di Lescu, perche moltanni perseuerò nell'amor
suo, & al fine, sendo ferito a morte nella giornata
di Pauia, & riportato in Casa della Signora Marchesana, passò di questa vita, non poco consolato, poi
che lasciò lo spirito estremo suo nelle braccia della
sua cara (come diceua) Signora & padrona.

 Cadde nel contrario difetto il motto del clarissi-
mo Iurisconsulto M. Giason del Maino, il quale
pose il suo bellissimo motto sopra la porta del suo
palazzo(che anchor si vede senza corpo) che dice:
VIRTVTI FORTVNA COMES.
volendo significare che la sua virtù haueua hauuta
bonissima sorte.

 Può molto bene essere ancor vna impresa vaga
in vista per le figure, & per li colori, che habbia corpo, & anima, ma che per la debile proportione del
motto al soggetto diuenti oscura, & ridicola; come
fu quella del Duca Lorenzo de Medici, il quale
finse ne' saioni delle lancie spezzate, e Stendardi
delle genti d'arme (come si vede hoggidi in pittu-

B

ra per tutta la casa vn'albero di lauro in mezo à due Leoni;col motto,che dice: ITA ET VIR-TVS. per significare, che la virtù come il lauro è sempre verde. Ma nessuno poteua intender quel, che importassero quei due Leoni. Chi diceua, che significauano la fortezza, e la clemēza, che fauellano insieme così accozzati cōn le teste; e chi l'interpretaua in altro modo;di sorte,che vn M.Domitio da Caglij Cappellano del Cardinale de Medici, che fu poi Papa Clemēte VII.il qual Cardinale era venuto à Fiorenza per visitare il Duca Lorenzo ammalato di quel male,del quale poi fra pochi mesi si morì,s'assicurò,come desideroso d'intender l'impresa,di dimandarne M. Filippo Strozzi inuitato dall'humanità sua,dicendo,Signor Filippo,voi che sapete tāte lettere,& oltre l'esser cognato,siete anco comes omnium horarum, & particeps consiliorum del Duca, dichiaratemi, vi prego,che fanno quei due Leoni sotto questo albero? Guatò sott'occhij M. Filippo, e quadrò il ceffo del Cappellano, il quale ancor che ben togato, non sapeua lettere,se non per le feste; e come acuto,salso,e pronto ch'egli era,Non vi auuedete,disse,che fanno la guardia al lauro per diffenderlo dalla furia di questi Poeti, che corrono al romore,hauēdo vdita la coronatione dell'Abate di Gaeta fatta in Roma, accioche non venghino à spogliarlo di tutte le fronde, per farsi laureati? Re-

plicò

plicò il Cappellano, come huomo che si dilettaua di far qualche sonetto, che andaua in zoccoli per le rime, questa è malignità inuidiosa; Soggiungēdo, che domine importa al duca Lorenzo, che'l buon Papa Leone habbia cortesemente laureato l'Abate Baraballo, e fattolo triumphare sù l'Elefante? di maniera, che la cosa andò all'orecchia del Cardinale, e si prese vna gran festa di M. Domitio, come di Poeta magro, e Cappellano di piccola leuatura.

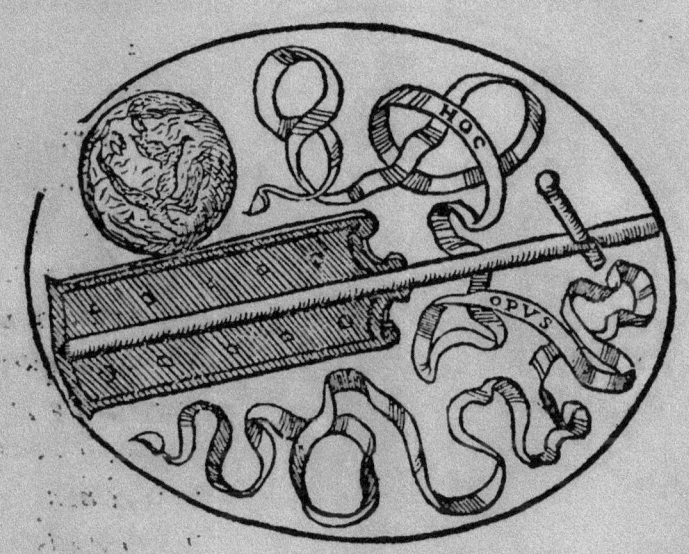

E' in oltre da osseruare, che non ci sia intelletto di molta superbia, e presuntione, ben che habbia bel corpo, e bell'anima; perch'ella rende vano l'autore, come fu quella, che portò il gran Cardinale di S. Giorgio, Rafael Riario, ilquale mise in mille luoghi del suo palazzo vn Timone di Galea con vn motto di sopra, che dice: HOC OPVS. quasi volesse dire, per fare questi magnificentissimi edificij e gloriose opere, m'è di bisogno esser Papa, e gouernare il mondo; laquale impresa riuscì vanissima, quando fù creato Leone, e dopo; che essendo egli consapeuole della coniura del Cardinale Alfonso Petrucci, restò preso, conuinto, & spoliato delle facultà, & confinato à Napoli, doue finì sua vita.

Non lascierò di dirui, che sarebbe troppo gran cantafauola, il voler tassar i difetti delle imprese, che son comparse à questo Secolo, composte da sciocchi, & portate da ceruelli busi, come fu quella di quel fiero Soldato (per non dir ruffiano) Bastiano del

del Mancino; anchor che à quel tempo fuſſe nome honorato fra ſpadaccini: che vsò di portare nella berretta vna picciola ſuola di ſcarpa con la lettera T, in mezzo, & vna perla groſſa in punta di detta ſuola, volendo che s'intendeſſe il nome dalla ſua dama à queſto modo, Margherita te ſola di cor'amo.

Vn'altro ſuo concorrente chiamato Pan molena, fece il medeſimo, ponendo oro di martello in cambio di cuoio, perche s'intendeſſe, Margherita te ſola adoro, ſtimando che fuſſe maggiore efficacia d'amore l'adorare, che di cuore amare. In queſti ſimili trouati paſſò il ſegno M. Agoſtin Forco da Pauia, innamorato di Madonna Bianca Patiniera: il quale, per dimoſtrare d'eſſer ſuo fedel ſeruo, portò vna piccola candela di cera bianca, inſertata nel frontale del ſuo berrettone di ſcarlatto, per ſignificare, ſpezzando il nome della candela in tre ſillabe, Can, cioè, ſeruo fedele, de la Bianca. Ma ancor queſta con più ſpeſa e maggior argutia fu auanzata dalla medaglia del Caualier Caſio Poeta Bologneſe, il quale portaua nella berretta in vna grande Agata di mano del finiſſimo maeſtro Maſtro Giouanni da Caſtel Bologneſe, la diſcenſione dello Spirito Santo ſopra i dodeci Apoſtoli; e domandato vn giorno da Papa Clemente, di cui era familiariſſimo, per qual diuotione portaſſe queſta coloba dello Spirito Santo, & le lingue ardenti ſopra il capo de gli Apoſtoli;

rispose, essend'io presente; Non per diuotione, Padre Santo, ma per isprimere vn mio concetto d'Amore; essend'io stato lungo tempo innamorato, & ingratamente stratiato da vna gentildonna, e forzato d'abandonarla per non poter sopportar più le beffe, le longole, e le spese de' varij doni, ch'io le soleua fare, mi figurai la festa della Pentecoste; volendo inferire, ch'io me ne pētiua, e, che molto m'era costato questo innamoramento. Sopra laquale ispositione il Papa (ancor che per altro seuero) rise sì largamēte, che tralasciò la cena da meza tauola.

Diede in simili scoglij di ridicola impresa il gran Cardinal di San Pietro in vincula Galeotto dalla Rouere, ilquale facēdo dipingere in Cancellaria la stanza della volta fatta à lunette, che guarda à Leuante, fece fare otto gran celatoni di stucco indorati nel Cielo, sospesi à rami della quercia sua peculiare arme, come nipote di Papa Giulio, acciò che s'intendesse, galee otto, che conchiudeuano il suo proprio nome. Ma dicendogli M. Carlo Ariosto suo maestro di Casa, che ci sarebbono stati di quegli, che haurebbono letto celate otto, fu cagione che'l buon Cardinale, ilquale haueua in casa pochi suegliati & eruditi ingegni, vi facesse dipingere sotto otto galee, che andauano à vela e remo, per fuggire l'ambiguità, che nasceua fra le celate e le galee. E questa tal pittura hoggidi ancora

fa

fa maruigliare e ridere spesso il Signor Camerlingo Guido Ascanio Sforza, che habita quella stanza come più honorata.

Furono anchora à quei tempi più antichi alcuni grandi, à quali mancando l'inuentione de' soggetti, suppliuano alla lor fantasia con motti, che riescono goffi, quando son troppo lunghi; comme fu il motto di Castruccio Signor di Lucca, quando fu coronato Lodouico Bauaro Imperatore, & egli fatto Senator Romano, che all'hora era grandissima dignità, ilquale comparue in publico in vn manto cremesino con vn motto di ricamo in petto, che diceua: EGLI È COME DIO VVOLE. e di dietro ne corrispōdeua vn'altro: E SARA QVEL CHE DIO VORRA.

Questo medesimo vitio della lunghezza de' motti fu ancho, ben che sopra assai bel soggetto d'apparenza di corpo, in quello del Signor Principe di Salerno, che edificò in Napoli il superbo palazzo, portando sopra il cimiero dell'elmo vn paio di Corna, col motto che diceua; PORTO LE CORNA CHE OGN'HVOMO LE VEDE, ALTRI LE PORTA, CHE NON SE LE CREDE; Volendo tassare vn certo Signore, che intemperatamente sparlaua dell'honor d'vna Dama, hauendo esso bella moglie e di sospetta pudicitia, e questa lunghezza è tanto più dannata, quanto che il motto è nella natural lingua di chi lo porta, perche pare, come ho detto, che quadri meglio in parlare straniero. DOM. Monsignore, voi m'hauete dato la vita con queste ridicole sciocchezze di tante imprese, che m'hauete narrate. GIO. Sarà dunque tempo, che noi torniamo al proposito nostro, numerando quelle imprese, c'hanno del magnanimo, del generoso, e dell'acuto, e (come si dice) del frizzante.

E mi pare, che i gran Principi, per hauere appresso di loro huomini d'eccellente ingegno e dottrina, habbiano conseguito l'honor dell'inuentioni, come sono stati fra gli altri l'Imperatore Carlo Quinto, il Catolico Rè di Spagna, e'l Magnanimo Papa Leone. Perche in effetto l'Imperatore auanzò di gran lunga la bella impresa, laquale portò già il valoroso suo auolo materno, il gran Carlo Duca di Borgogna: e certamente mi pare, che l'Impresa sua delle Colonne d'Ercole col motto del PLVS VLTRA, non solamente habbia superato di grauità e leggiadria quella del Fucile dell'Auolo, ma anchora tutte l'altre, che habbiano portate insino ad hora gli altri Rè & Principi. DOM. Per certo queste Colonne col motto, considerata la buona fortuna del felice acquisto dell'India Occidētale, il quale auāza ogni gloria de gli antichi Romani, sodisfa mirabilmente e col sogetto alla vista, e con l'anima à gli intelletti, che la considerano. GIO. Non ve n'è marauigliate

rauigliate, perche l'inuentor d'essa fu vn molto eccellente huomo chiamato maestro Luigi Marliano Milanese, che fù medico di sua Maestà, e morì Vescouo di Tui, & oltre l'altre virtù fù gran Matematico. E queste simili imprese suegliate, illustri, e nette, non escono dalla bottega di gatte inguantate, ma d'argutissimi Maestri. DOM. E così è vero. Ma ditemi di gratia, che voleste dir voi, nominãdo il Fucile del Duca di Borgogna? Siatemi vi prego Monsignor cortese, e racontatemi l'historia di questa famosa inuentione, con laquale s'ornano di gloriosa colonna i valorosissimi Caualieri dell'età nostra, i quali sono nell'honoratissimo collegio dell'ordine del Tosone, ampliato dall'inuittissimo Carlo Quinto. GIO. Questa, di che voi mi dimãdate, è materia molto intricata, e poco intesa, etiamdio da quei Signori, che portano questi fucili al collo, perche vi è anchora appiccato vn vello d'vn montõ tosato, interpretato d'alcuni per lo vello dell'oro di Giasone portato da gli Argonauti & alcuni lo riferiscono alla sacra Scrittura del testamento Vecchio, dicendo ch'egli è il Vello di Gedeone, il quale significa fede incorrotta.

Ma tornando al proposito del Fucile, dico che il valoroso Carlo Duca di Borgogna, che fu ferocissimo in arme, volse portar la pietra focaia col Fucile, e con due tronconi di legne, volendo dinotare ch'egli haueua il modo d'eccitare grande incendio di guerra, come fu il vero: ma questo suo ardēte valore hebbe tristissimo successo, perche imprendēdo egli la guerra contro Lorena e Suizzeri, fu dopò le due sconfitte di Morat e di Granson, sbarattato e morto sopra Nansì la vigilia dell'Epifania. E questa impresa fu beffata da Renato Duca di Lorena, vincitore di quella giornata; al quale essendo presentata vna bandiera con l'impresa del Fucile, disse, Per certo questo sfortunato Signore quādo li fu bisogno di scaldarsi, non hebbe tempo da operare i Fucili: e tāto più fu acuto

questo

questo detto, quanto che quel dì la terra era coperta di neue rosseggiante di sangue, è fu il maggior freddo, che si ricordasse mai à memoria d'huomo; di sorte, che si vede nel Duca Carlo, che la ladra fortuna non volse accompagnar la sua virtù in quelle tre sue vltime giornate. DOM Per quel, ch'io veggio Monſ. parmi che voi habbiate incominciato à entrare (come hauete promesso) nelle piu scelte imprese, che portarono i gran Rè, e Principi di questa nostra età. Ond'io spero, che comme si sono assottigliati gl'ingegni, & affinate le dottrine da quello ch'erano ne' tempi più vecchÿ e lontani dalla memoria nostra; cosi l'imprese & inuētioni douerāno riuscire più vaghe e più argute. GIO. veramente questi nostri Rè, che noi habbiamo visti in gran parte, trapassarno per gloria delle faccēde di guerra, e per bellezza de gliornamenti dell'imprese, quelle de' lor maggiori. E cominciando da quella di Lodouico XII. Rè di Francia, ella parue ad ogn'huomo di singolar bellezza, e di uista, e di significato: perche fu à modello di quel brauo da natura e bellicoso Rè, che non si straccò mai per alcū trauaglio di guerra, con vn'animo sempre inuitto, e però portaua nelle sopr'arme chiamate Ottoni de' suoi Arcieri della guardia vn'Istrice coronato, il quale suole vrtar chi gli dà noia da presso, da lontano gli saetta, scotendo e lanciando l'acutissime spine.

Per

Per il che dimostraua, che l'arme sue erano pronte e gagliarde da presso e da lontano: e benche nelle soprauestè non fusse motto alcuno, mi ricordo non dimeno hauer visto in più luoghi questa impresa dipinta con vn breue di sopra: COMINVS ET EMINVS. il che quadraua molto. Hò lasciato l'impresa di Carlo Ottauo, perciò ch'ella non hebbe corpo e soggetto, anchor ch'ella hauesse bellissimo motto d'anima, dicendo; SI DEVS PRO NOBIS, QVIS CONTRA NOS? ne gli stendardi, e sopra i saioni de gliarcieri della guardia non v'era poi altro, che la lettera k, con la corona di sopra, che voleua significare il nome proprio di Carlo.

Non fu men bella di quella di Lodouico, l'impresa

presa, che portò il successore e genero suo Francesco primo, ilquale come portaua la giouenile età sua, mutò la fierezza dell'imprese di guerra nella dolcezza e giocondità amorosa; e per significare, che ardeua per le passioni d'amore, e tanto gli piaceuano, che ardiua di dire, che si nutriua in esse; portaua la Salamandra, che stando nelle fiamme, non si consuma, col motto Italiano, che diceua: NVTRISCO ET ESTINGVO. essendo propria qualità di quello animale, spargere dal corpo suo freddo humore sopra le bragie; onde auiene, ch'egli non teme la forza del fuoco, ma più tosto lo tempera e spegne. E fù ben vero che quel generoso, & humanissimo Rè non fù mai senz'amore, essendosi mostrato ardētissimo conoscitore d'huomini virtuosi, e d'animo indomito contra la fortuna, come la Salamandra in ogni caso
de successi di guerra. E questa
inuentione fù fabricata
dal suo nobilissimo
ingegno.

Non

Non cede in alcuna parte alla sudetta, quella, che di presente porta il Figliuol successor suo, il magnanimo Rè Herrico; il quale continua di portare l'impresa, che già fece quando era Delfino, che è la Luna crescente col brauo motto pieno di graue sentiméto, DONEC TOTVM IMPLEAT ORBEM. volendo dinotare, ch'egli, fin che non arriuaua all'heredità del Regno, non poteua mostrare il suo intero valore, sì come la Luna non può compitamente risplendere, se prima non arriua alla sua perfetta grandezza, e di questo suo generoso pésiero n'ha già dato chiarissimo saggio con la recuperatione di Bologna, & altre molte imprese, com'ogn' vn sà in Italia.

Per

Per il che gli fu da me fatta à richiesta del Signor Mortier Ambasciator Francese in Roma dopò la morte del Rè Francesco, vna Luna piena di tutto tondo con vn motto di sopra: QVVM PLENA EST, FIT AEMVLA SOLIS. Per dimostrar, ch'egli haueua tanto splendore, che s'agguagliaua al Sole, facendo la notte chiara, com'il giorno. D O M. Senza fallo queste tre imprese di questi tre Rè Francesi hanno (à mio parere) tutta quella grandezza, che si ricerca, sì di soggetto e vista, come di spirito e significato; e non so se gli argutissimi Spagnuoli v'aggiungeranno. G I O. Voi non v'ingannate certo, perche difficil cosa è il migliorare.

Ma

Ma il Rè Catolico ne cauò la macchia, quando portò il nodo Gordiano con la mano d'Alessandro Magno, il quale con la Scimitarra lo tagliò, non potendolo sciorre con le dita, col motto di sopra, TANTO MONTA. Et acciò che intendiate il pensiero di quel prudentissimo Rè, voi douete hauer letto in Quinto Curtio, come in Asia nella città di Gordio era in vn tempio l'inestricabil nodo detto Gordiano, e l'Oracolo diceua, che chi l'haueße saputo sciorre, sarebbe stato Signor dell'Asia; perche arriuandoci Alessandro, nè trouando capo da sciorlo per fatal bizarria, e sdegno lo tagliò, cosi Oraculum aut impleuit, aut elusit. Il medesimo interuenne al Rè Catolico, il quale hauendo litigiosa differenza sopra l'heredità l'heredità del Regno di Castiglia, non trouando altra via, per conseguir la giustitia, con la spada in mano lo combattè, e lo vinse; di maniera, che così bella impresa hebbe gran fama, e fu pari d'erudita leggiadria à quella di Francia. Fù opinione d'alcuni, ch'ella fusse trouata dal sottile ingegno d'Antonio di Nebrissa, huomo dottissimo in quel tempo, ch'egli risuscitò le lettere Latine in Hispagna.

Ma in verità, anchor che molte imprese siano riuscite eccellentissime da gli ingeni Spagnuoli, come fu quella che portò don Diego di Medozza, figliuolo del Cardinale, Caualier valoroso & honorato nelle guerre del gran Capitano Consaluo Ferrante; tutta volta ce ne sono anco vscite delle sciocche e stropiate circa le conditioni antedette che si richiedono in esse, come furono quelle di quel Caualiero di casa Porres, ilquale seruendo à vna damigella della Reina Isabella, che si chiamaua Anna, e dubitando, ch'ella non si maritasse in vn'altro Caualier più ricco di lui, ilquale la ricercaua per casarsi con lei, volse auuisarla ch'ella stesse costante nell'amor suo verso di lui, e non consentisse à quel maritaggio, portando sul cimiero vn'Anitroccolo, che in lingua Spagnola si chiama Annadino, ilqual nome spezzandolo per le sillabe diceua,

ANNA, DI, NO.

C.

Fù anchora simile quella, che usò Don Diego di Gusman, il quale hauendo riportato poco cortese ciera dalla sua Dama & un certo rabbuffo, portò in giostra per cimiero un gran cesto di malua fiorita, ad effetto di significare MAL VA il negotio d'Amore. DOM. Queste sì, che danno scacco alla candela bianca, & à quella della Pētecoste; ma supplite à simili sciochezze con l'impresa di Don Diego, laqual voi poco innanzi hauete detto che fu bellissima. GIO. Sì veramente, e forse unica tra quant'altre ne sono uscite, non solo di Spagna, ma d'altronde; e fu, che hauendo egli tentato il guado con la sua Dama, e trouati mali passi per poterla arriuare, occupato dal dolore, e quasi disperato si prese una ruota con quei vasi, che leuano l'acqua e la
gittan

gittan fuora. E perche di punto in punto quasi la metà di essi si truoua piena pigliando l'acqua, e l'altra vota per gittarla fuora, nasceua da quei vasi vn motto in questa guisa: LOS LLENOS DE DOLOR, Y LOS VAZIOS DE SPEPANZA. Laquale fu stimata impresa di sottile inuētione, e quasi vnica vista, perche l'acqua e la ruota dauano gran presenza di scelto suggetto à chi la miraua, & inferiua che'l suo dolore era senza speranza di rimedio.

Fù assai bella quella del Signore Antonio da Leua, il quale essendo per la podagra portato in sedia, fece portare dal Capitano Apunte nelle bande del suo corsiere Capitanale, quando fu coronato in bologna Carlo Quinto Imperatore ; e ristituito il Ducato di Milano à Francesco Sforza, questo motto, SIC VOS NON VOBIS. E l'impresa fu senza corpo, ilquale se ci fusse stato, non si sarebbe potuto dir meglio; perche voleua inferire, come per virtù sua s'era acquistato e conseruato lo stato di Milano, e poi ristituito al Duca dall'Imperatore, hauendo egli desiderato di tenerlo per se contro la forza di tutta la lega com'egli haueua fatto per innanzi.

※

C 2

E perche s'hà da seguir l'ordine della nobiltà, vi dirò l'imprese di quattro Rè ultimi d'Arogana, e fra l'altre quel che volesse significare il libro aperto, che fu impresa del Rè Alfonso primo. D O M. Che libro fu questo Monsignore? G I O. Hebbe questo Rè Alfonso per impresa un libro aperto, come v'ho detto, il quale non hauendo anima di motto alcuno, molti restarono sospesi e dubbij del significato, e perche egli fu Rè d'incomparabil virtù, sì nel mestier dell'armi, come nella notitia delle lettere, e nella prattica del Ciuil gouerno, chi diceua una cosa, e chi ne diceua un'altra, ma il più de gli huomini stimarono ch'ei volesse dire, che la libertà fusse la più preciosa cosa, che potesse hauer l'huomo; e perciò esso come prudentissimo non

prese

DI M. GIOVIO.

prese mai moglie per non farsi seruo per elettione; alcuni dissero, ch'egli portò il libro, dinotando, che la perfettione dell'intelletto humano, consisteua nella cognitione delle sciēze, e dell'arti liberali, delle quali sua Maestà fu molto studiosa, ma trapassando questo significato del libro aperto dico chè'l Rè Ferrante suo figliuolo hebbe vna bellissima impresa, laqual nacque dal tradimento e ribellione di Marino di Marciano Duca di Sessa, e Prencipe di Rossano; il quale anchor che fusse cognato del Rè, s'accostò non dimeno al Duca Giouanni d'Angiò, e machinò d'ammazzare à parlamento il Rè suo signore: ma per l'ardire e franchezza del Rè l'effetto non potè seguire d'vcciderlo. L'historia del qual'caso stà scolpita di bronzo sopra la porta del Castel nuouo, & essendogli dopò alcun tempo venuto alle mani, e posto prigione il detto Marino, si risolse di non farlo morire, dicendo, non volersi imbrattar le mani nel sangue d'vn suo parente, anchor che traditore & ingrato, contra il parere di molti suoi amici partigiani, e consilieri. E per dichiarare questo suo generoso pensiero di clemēza, figurò vn' Armellino circondato da vn riparo di letame, con vn motto di sopra, MALO MORI QVAM FOEDARI. essendo la propria natura dell'Armellino di patir prima la morte per fame e per sete, che imbrattarsi, cercādo di fuggire, di nō passar per lo brutto, per non macchiare il cādore e la pulitezza della sua pretiosa pelle.

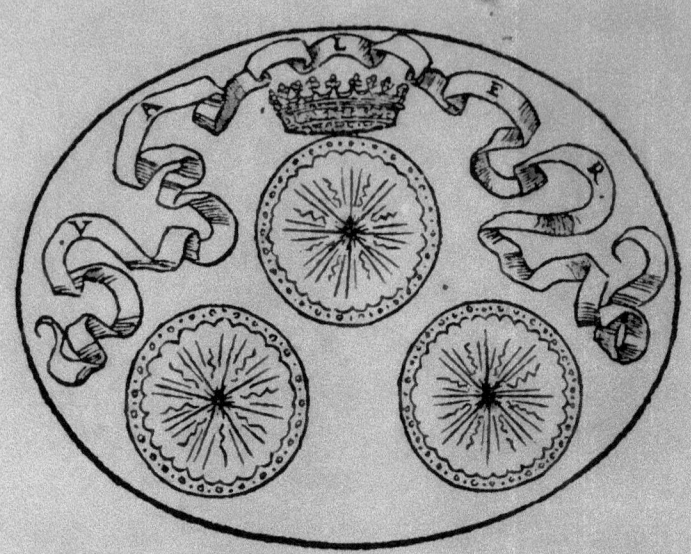

Ne portò anchora il Rè Alfonso secondo suo figliuolo una braua, ma molto strauagante, come composta di sillabe di parole Spagnuole; e fu che approssimandosi sopra la guerra il giorno della battaglia di Campo morto sopra Velletri, per eshortare i suoi Capitani e soldati, dipinse in uno stendardo tre diademe di Sāti legate insieme, con un breue d'una parola in mezo: VALER. significādo che quel giorno era da mostrare il valor sopra tutti gli altri, pronuntiando alla Spagnuola, Dia de mas valer; laquale impresa forse hauerete vista dipinta nell'atrio del nostro Museo.

Bella

Bella in vero fu quella del Rè Ferrandino suo figliuolo, ilquale hauendo generosi e reali costumi di liberalità e di clemenza, per dimostrar, che queste virtù vengono per natura, e non per arte; dipinse vna montagna di diamanti, che nascon tutti à faccia come se fusser fatti cō l'artificio della ruota e della mola, col motto, che diceua;

NATVRAE, NON AR-
TIS OPVS.

LE IMPRESE

Nè fu men lodat a quella del Rè Federigo, come Zio carnale successo nel Regno al nipote Rè Ferrādino, ilquale troppo tosto sopra l'orlo del trionfo della sua vittoria, per iniquità delle Parche in un soffio fu leuato di questo mondo. Hauendo dunque il Rè Federigo preso il possesso del Regno conquassato per la fresca guerra, e contaminato dalla fattione Angioina, per assicurare gli animi de' Baroni della contraria parte, si fece per impresa un Libro da conto legato in quella forma, con le correggie e fibbie, che si vede appresso de' Banchieri, ponēdoui per titolo, M.CCCCXCV. E figurando molte fiamme ch'vsciuano fuora de' foglij per le margini del Libro serrato con un motto tolto dalla sacra Scrittura, che diceua: RECEDANT VETERA.

TERA. *per palesare il nobil decreto dall'animo suo, che à tutti perdonaua gli errori, e' peccati di quell'ano. E ciò fu proprio à imitatione de gli antichi Atheniesi, iquali fecero lo statuto dell' Amnestia, che significa obliuione di tutto'l passato, anchor che al buon Rè Federigo ciò non giouasse molto; perche fra cinque anni per la impensata cospiratione di Ferdinando Rè di Spagna cò Lodouico* XII. *di Francia, fu sforzato abbandonare il Regno, e lasciarlo à quei due Rè, che se l'hauean diuiso.*

Furono altri Prencipi d'Italia, e famosi Capitani, che si dilettarono di mostrare i concetti loro con varie imprese e diuise, fra le quali fu tenuta bella à quel tē-

po che gli ingegni non eran così aguzzati, quella di Francesco Sforza Duca di Milano, che hauendo preso il possesso dello stato per vigore dell'heredità della moglie Madona Bianca Visconte, e con la forza dell'armi quietate le cose, e fatta la mirabil fortezza di porta Giouia, fece di ricamo sopra la giornea militare vn brauo veltro, ò vogliam dir liuriere assettato con le gambe di dietro, & inalzato co' pie dinanxi sotto vn pino, col motto; QVIETVM NEMO IMPVNE LACESSET. Inferendo ch'egli non daua molestia ad alcuno, ma era pronto à offendere e difendersi da chi hauesse hauuto ardire di molestarlo. E lo mostrò molto bene contra i Signori Vinitiani, quando fece calare il Rè Rinato di Prouenza per reprimer lor la cupidità; laqual parena ch'essi hauessero di quello stato.

Alla bellezza della detta leggiadra impresa fece buon paragone la troppo oscura, che vsò Galeazzo suo figliuolo e successore, laquale fu vn Leon, che sedeua sopra vn gran fuoco con vn'elmetto in testa: bella certo da vedere in pittura, ma riputata senza sale, perche non hebbe anima di motto, e però à pena intesa dall'Autore. onde non m'estenderò à narrare i diuersi interpretamenti, che faceuano le brigate, iquali spesse uolte riusciuano vani e ridicoli.

Ma

Ma fu ben molto erudita e bella in vista, anchor che alquanto presontuosa, quella, c'hebbe il Duca Lodouico suo fratello senza motto; il quale per openion di prudenza fu tenuto un tempo arbitro della pace e della guerra in Italia; e perciò portò l'albero del Gelsomoro per impresa: laqual pianta (come dice Plinio) è reputata sapientissima omnium arborum, perche fiorisce tardi per fuggire il gielo e le brine, e fa frutto prestissimo; intendendo di dire, che con la sauiezza sua conosceua i tempi futuri. Ma non conobbe già che'l chiamare i Francesi in Italia, per isbattere il Rè Alfonso suo capital nemico, fusse cagione della ruina sua; e così diuentò fauolosa e schernita la sua prudenza, hauẽdo finita la sua vita nella prigione della torre

torre di Loces in Francia, ad'essempio della miseria e vanagloria humana. Faceuasi etiandio chiamare Moro per sopranome, e quando passaua per le strade, s'udiuano alzar le voci da' fanciulli e bottegai, Moro, Moro; E continuando in simil vanità, haueua fatto depingere in Castello l'Italia in forma di Reina, che haueua in dosso una vesta d'oro ricamata à ritratti di Città, che rassimigliauano al vero: e dinanzi le staua uno scudier Moro negro con una scopetta in mano. Perche dimandando l'ambasciador Fiorentino al Duca, à che seruiua quel fante nero, che scopettaua quella veste e le Città? rispose, per nettarle d'ogni bruttura. Volēdo che s'intēdesse il Moro essere arbitro dell'Italia, & assettarla come gli pareua. Replicò all'hora l'acuto Fiorentino: Auuertite Signore, che questo seruo maneggiando la scopetta, viene à tirarsi tutta la poluere addosso: il che fu vero prognostico. Et è da notare, che molti credono, che Lodouico fusse chiamato Moro, perch'egli fusse bruno di carne e di volto, in che s'ingannano: perch'egli fu più tosto d'una carnagione bianca e pallida,
che nera, come noi habbiam
veduto dapresso.

Sopra

Sopra tutti non solamente i Prencipi dell' Italia, ma etiandio sopra quelli della Casa de' Medici suoi maggiori, ne trouò vna bellißima Giouanni Cardinal de' Medici; ilquale fu detto poi Papa Leone: e fu dopò ch' esso, per mano dell' armi Spagnuole, fu rimesso in Fiorenza, essendo stato diciott' anni in esilio; l'impresa fu vn Giogo come portano i buoi, & il motto diceua, SVAVE, per significare di non esser ritornato à voler' esser Tiranno della Patria col vendicarsi dell'ingiurie fattegli da' suoi contrari e fattiosi cittadini, pronuntiando loro ch'el suo prencipato sarebbe stato cleméte e soaue: col motto della Sacra Scrittura, conforme all'habito sacerdotale, che portaua cauato da quel, che dice, Iugum meũ suaue est, & onus meum

meum leue. E certamente quadraua molto alla natura sua, e fu tale inuentione del suo proprio sottile & erudito ingegno, anchor che paia che'l detto giogo fusse prima del gran Cosmo: il quale quando fu richiamato dall'esilio alla patria, figurò in vna medaglia Fiorēza assettata sopr'vna sedia col giogo sotto i piedi, per dinotare quasi quel detto di Cicerone, *Roma Patrem Patriæ Ciceronem libera dixit.* E per la bellezza fu cōtinuato il portarlo nel pōteficato di Leone, e meritò d'essere istampato nelle monete di Fiorenza.

DOM. Piacemi molto questa impresa, e la giudico molto bella; ma di gratia Monsignore, non v'incresca raccontarmi anchor l'altre dell'Illustriss. Casa de' Medici, e con esse toccar diffusamente il perche dell'imprese

prese; percioche l'historia porta gran luce, e diletteuol notitia à questo discorso. GIO. Io non posso andar più alto de'tre diamanti, che portò il gran Cosmo, i quali voi vedete scolpiti nella camera, ou'io dormo e studio; ma à dirui il vero, con ogni diligenza cercandolo, nõ potei mai trouar precisamẽte quel, che volessero significare, e ne stette sempre in dubbio Papa Clemente, che dormiua anchor'egli in minor fortuna in quella camera medesima.

È ben vero, ch'ei diceua, che'l Magnifico Lorẽzo s'haueua vsurpato vn d'essi con gran galanteria, insertandoui dentro tre penne di tre diuersi colori; cioè, verde, bianco, e rosso; volendo che s'intendesse, che Dio amando fioriua in queste tre virtù, Fides, Spes, Charitas,

Charitas, appropriate à questi tre colori, la Fede candida, la Speranza verde, la Charità ardente, cioè, rossa; con vn SEMPER da basso, laquale impresa è stata continuata da tutti i successori della casa, e sua Santità etiandio la portò di ricamo ne' saioni de' caualli della guardia di dietro, per rouescio di detto Giogo.

Prese il Magnifico Pietro figliuolo di Cosmo per impresa vn Falcone, che haueua ne'gli artiglij vn Diamante, il quale è stato continuato da Papa Leone, e da Papa Clemente pure col breue del SEMPER riuolto, accommodato al titolo della Religione, che portano i Papi, anchor che sia com'è detto di sopra, cosa goffa à fare imprese di sillabe, e di parole. Perche il magnifico Pietro voleua intendere, che si debba fare ogni

ogni cosa amando Dio. E tanto più ciò viene à proposito, quanto che'l Diamāte importa indomita fortezza contra fuoco e martello, come miracolosamente il prefato Magnifico fu saldo contro le congiure, & iusidie di M. Luca Pitti.

Vsò il Magnifico Pietro figliuolo di Lorenzo, come giouane & innamorato i tronconi verdi incaualciati, iquali mostrauano fiamme e vāpi di fuoco intrinseco, per dire che'l suo ardor d'amore era incomparabile, poi ch'egli abbruciaua le legna verdi. E fu questa inuentione del dottißimo M. Angelo Politiano, il quale gli fece anchor questo motto d'vn verso Latino,
IN VIRIDI TENERAS EXVRIT FLAMMA MEDVLLAS.

D

Il magnifico Giuliano suo fratello, huomo di boniſsima natura, & aſſai ingenioſo, che poi ſi chiamò Duca di Nemours, hauendo preſa per moglie la zia del Rè di Francia, ſorella del Duca di Sauoia, & eſſendo fatto Confalonier della Chieſa, per moſtrar che la fortuna, laquale gli era ſtata cōtraria per tanti anni, ſi cominciaua à riuolgere in fauor ſuo, fece fare v'nanima ſenza corpo in vno ſcudo triangolare; cioè, vna parola di ſei lettere, che diceua: GLOVIS. E leggendola à roueſcio, SIVOLG, come ſi vede intagliato in marmo alla chiauica Traſpontina in Roma. E perche era giudicata di peſo oſcuro e leggiere, gli affettionati ſeruitori interpretauan le lettere à vna à vna, facendolor

dolor dire diuersissimi sentimenti, come faceuano coloro nel concilio di Basilea; che interpretarono il nome di Papa Felice, dicendo, Fælix, id est, falsus, eremita, ludificator.

E perche di sopra è stato ragionato dell'impresa di Lorenzo, non accade dir' altro, se non dell'impresa di Papa Clemente, che si vede dipinta in ogni luogo; e fu trouata da Domenico Buoninsegni Fiorentino, suo Thesoriere, ilquale volentieri ghiribizaua sopra i secreti della natura; e ritrouò, che i raggi del Sole trapassando per vna palla di cristallo, si fortificano talmente, & vniscono secondo la natura della prospettiua, che abbruciano ogni oggetto, eccetto le cose candidiſsime. E volendo Papa Clemente moſtrare al mondo,che'l candore dell'animo ſuo non ſi poteua offender da' maligni,nè dalla forza,vsò queſta impreſa quando i nimici ſuoi al tempo d'Adriano gli congiurarono contra per torgli la vita e lo ſtato,e non hebbero allegrezza,di condurre à fine la congiura. E veramente la vita e'l gouerno,ch'egli teneua in Fiorenza, non meritaua tanta crudeltà, almeno di ſangue. E l'impreſa riuſciua magnifica & ornatiſsima,perche v'entrauano quaſi tutte le coſe,c'hanno illuſtre apparenza, e la fanno bella,come fu detto da principio; cioè,la palla di criſtallo, il Sole,i raggi trapaſſanti,la fiamma eccitata da eſsi,in vn cartoccio biāco col motto CANDOR ILLAESVS. Ma con tutto queſto ſempre fu oſcura à chi non sà la proprietà ſudetta; di ſorte,che biſognaua che noi altri ſeruitori ſuoi l'eſponeſsimo ad ogn'vno, e rendeſsimo conto di quel, che haueua voluto dire il Buoninſegni,e di quel che ſua Santità diſegnaſſe d'iſprimere; il che ſi deue fuggire in ogni impreſa, com'è ſtato detto di ſopra. E peggio fu ch'eſſendo il motto ſcritto in vn breue diuiſo per ſillabe,in quattro parole,cioè: CANDOR ILLAE-SVS, vn M. Simone Schiauone Cappellano di ſua Santità, che non haueua tante lettere, che poteſſero ſeruire per vſo di caſa fuor della meſſa, tutto ammiratiuo mi domādò quel che voleſſe ſignificare il Papa in quel brieue; perche non vedeua che gli fuſſe à propoſito

DI M. GIOVIO. 53

posito quello, ille sus; non volendo dir'altro, che quel porco; dicēdo spesso, ille vuol dir pur quello, e sus vuol pur dir porco, come hò imparato à scuola à Sebenicco. La cosa andò in gran risa, e passò fin'à sua Santità, e diede auuertimēto à gli altri, che nō debbano spezzar le parole per lettere, per nō causare simili errori d'Anfibologia appresso de' Goffi, i quali presumono d'hauere la lor parte di sapere, come si dice, fin'al finocchio.

Quella anchora che figurò il Molza à Hippolito Cardinal de' Medici, benche fusse bellissima di vista e di soggetto, hebbe mancamento: perche non fu compitamente intesa, senon da' dotti e prattichi, e ricordeuoli del Poema d'Horatio. Perciochè volēdo egli ispri-mere, che Donna Giulia di Gonzaga risplendeua di

D 3

bellezza sopra ogn'altra, come la stella di Venere chia
mata volgarmente la Diana, c'hà i raggi per coda à
similitudine di Cometa, e riluce fra l'altre stelle; le pose
il motto, che diceua, INTER OMNES.

Perche Horatio dice, Micat inter omnes Iulium
sidus. Ma questa impresa haueua forma di Cometa, e
così gli prenuntiò e gli apportò la morte; perche finì la
sua vita assai tosto in vn Castello di quella vnica, &
Eccellentissima Signora, chiamato Itri, con dolore e
danno di tutta la corte Romana.

Hebbe ancho poco auanti vn'altra impresa dell'E-
clissi, figurando la Luna nell'ombra che fa la terra in-
termedia, posta fra lei e'l Sole, cō vn motto che diceua;
HINC ALIQVANDO ELVCTABOR; Vo-
lendo

lendo inferire, ch'egli era poſto nelle tenebre di certi
penſieri torbidi & oſcuri, de' quali deliberaua vſcir
toſto; i quali penſieri perche furono ingiuſti, e poco
honeſti à tant' huomo, per non dipingerlo pazzo, e
nimico della grādezza di caſa ſua, laſcieremo di eſpli-
care il ſignificato dell'impreſa, laquale ſarà però inteſa
da molti c'hanno memoria di lui.

Dopò la morte del Cardinale, il Duca Aleſſandro
hauĕdo tolto per moglie, e fattone le nozze, Madama
Margherita d'Auſtria, figliuola dell'Imperatore, e
gouernando Fiorenza con egual giuſtitia grata à cittadini, maſſimamente ne' caſi del dare e dell'hauere,
e ritrouandoſi gagliardo e potente della perſona, deſi-
deraua farſi famoſo per guerra; dicendo, che per ac-

D 4

quistar gloria, e per la fattione Imperiale sarebbe animosamente entrato in ogni difficile impresa, deliberando di vincere ò morire. Mi domandò dunque vn giorno con istāza, che io gli volessi trouare vna bella impresa per le sopraueste d'arme secondo questo significato. Et io gli elessi quel fiero animale, che si chiama Rhinocerote, nimico capital dell'Elefante; ilquale essendo mandato à Roma, accioche combattesse seco, da Emanouello Rè di Portogollo, essēdo già stato veduto in Prouenza, doue scese in terra, s'affogò in mare per vn'aspra fortuna, ne gli scoglij poco sopra porto Venere; nè fu possibil mai, che quella bestia si saluasse per essere incatenata, anchor che nuotasse mirabilmente, per l'asprezza de gli altissimi scoglij, che fa tutta quella costa. Però ne venne à Roma la sua vera effigie, e grādezza, e ciò fu del mese di Febraio, l'āno MDXV. con informationi della natura sua, laquale secondo Plinio, è (si come narrano i Portughesi) d'andare à trouar l'Elefante assaltandolo, e percotendolo sotto la pancia cō quel duro & acuto corno, ch'egli tiene sopra il naso; nè mai si parte dal nimico, nè dal combattimento, in fin che non l'ha atterrato e morto. Il che il più delle volte gli succede, quādo l'Elefante con la sua proboscide non l'afferra per la gola, e non lo strangola nell'appressarsi. Fecesi dunque la forma del detto Rhinocerote in bellissimi ricami, che seruiuano anchor per coperta di caualli barbari, i quali corrono in Roma &

altroue

altroue il premio del pallio, con vn motto di sopra in lingua Spagnuola, NON BVELVO SIN VENCER. che vuol dire; Io non ritorno in dietro senza vittoria, secondo quel verso, che dice,

Rhinoceros nunquam victus ab hoste redit.

E parue, che questa impresa gli piacesse, tanto che la fece intagliare di lauoro d'agimia nel corpo della sua corazza.

DOM. Poi che voi hauete raccontate l'imprese di questi illustrissimi Prencipi della Casa de' Medici già morti, siate contento anchora di dir qualche cosa di quelle, che porta l'Eccellentissimo Signor Duca Cosmo, delle quali tante se ne veggono in palazzo de' detti Medici. GIO. Certo che il giorno delle nozze sue io

D 5

ne vidi molte fabricate da gentil'ingegni; ma sopra tutte vna me ne piacque per esser molto accommodata à sua Eccellenza, laquale hauendo per horoscopo & ascendēte suo il Capricorno, che hebbe anche Augusto Cesare (come dice Suetonio) e però fece batter la moneta con tale imagine, mi parue questo bizarro animale molto al proposito, massimamente che Carlo Quinto Imperatore, sotto la cui protettione fiorisce il principato del prefato Signor Duca, hebbe anch'egli il medesimo ascendente. E parue cosa fatale, ch'el Duca Cosmo, quel medesimo dì di Calende d'Agosto, nel qual giorno Augusto conseguì la vittoria contra Marc'antonio e Cleopatra sopra Attiaco promontorio, hoggi la Preuesa scōfisse anch'esso, e prese i suoi nimici Fiorentini à Monte Murlo. Ma à questo Capricorno, che porta sua Eccellenza, non hauendo motto, acciò che l'impresa sia compita, io hò aggiunta l'anima d'vn motto Latino, FIDEM FATI VIRTVTE SEQVEMVR. Quasi che voglia dire, Io farò con propria virtù forza di conseguire quel, che mi promette l'horoscopo. E così l'hò fatto dipingere figurando le stelle, che entrano nel segno del Capricorno, nella camera dedicata all'Honore, laqual vedeste al Museo, dou'è anchora l'Aquila, che significa Gioue, e l'Imperadore, che porge col becco vna corona Trionfale col motto, che dice; IVPPITER MERENTIBVS OFFERT. Pronosticando, che sua Eccellenza merita ogni glorioso

rioso premio per la sua virtù.

Hebbene vn'altra nel principio del suo Principato dottamente trouata dal Reuerendo M. Pier Francesco de' Ricci suo Maiordomo; e fu quel, che dice Vergilio nel VI. dell'Eneida del Ramo d'oro, col motto: VNO AVVLSO, NON DEFICIT ALTER. figurando vn ramo suelto dell'albero, in luogo del quale ne succede subito vn'altro; volendo intender, che se bene era stata tolta la vita al Duca Alessandro, non mancaua vn'altro ramo d'oro nella medesima stirpe.

DOM

DOM. *Parmi Monsignor, che habbiate tocco à bastanza quel, che raggioneuolmēte spetta alla Casa de' Medici. Resta che parliate de gli altri Prēcipi e famosi Capitani, i quali hauete conosciuti à tēpo vostro.* GIO. *Farollo, e dico che già voi con lo stuzzicarmi mi farete ricordare di molte cose attenēti à questo proposito; e non mancherò di fregarmi la collottola per seruire al vostro desiderio, pur che per lo numero tante imprese non vi vengano à noia.* DOM. *Questa memoria non è per venir sì tosto à noia à persona, che habbia giudicio, e che si diletti di gentilezze erudite: pero vi priego che nō vi scusiate con sì fiero & estremo calde; ilquale anchor che siamo à sedere, & in luogo assai fresco, grandemente ci fa sudare.* GIO. *E mi par dunque*

que di metter mano (se così vi piace) alla bossola de' gran Capitani, i quali voi hauete visti celebrati da me nell'historia. E voglio che l'honor di Roma meriti che si cominci da' Romani: perche eglino in effetto hanno portato in se grandezza e grauità di scielti Capitani, come heredi dell'antica virtù della patria, fra' quali à miei giorni le due principal famiglie, e capi dell'antica fattione Guelfa, e Ghibellina, che si chiamano Orsini e Colonnesi, n'hanno hauuto vn bel paio per ciascuna. Nell'Orsina Verginio, e Nicolò Coti di Pitigliano; nella Colonnese Prospero, e Fabritio. Verginio d'autorità, ricchezze, e concorso di soldati, e splendor di casa, essendo stato Capitano quasi di tutti i potentati dell'Italia, véne al colmo della grandezza, della quale cascò poi nella venuta del Rè Carlo, essendo stato preso col Conte di Pitigliano à Nola da' Francesi, ingannati dalla promessa de' Nolani, e di Mons. Luigi d'Arsio, Capitano de' Francesi; nè prima furono liberati, che nella furia del fatto d'arme del Tarro, nel quale si sgabellarono destramente delle mani di chi gli guardaua, perch'era intento ad altro. In questo tempo i Signori Colonnesi condotti dal Cardinale Ascanio Sforza, che nel principio seruiuano Francesi, essendosi poi fatta nuoua lega fra i Potētati d'Europa, ritornarono al seruitio del Rè Ferrandino; ma prima Prospero, che Fabritio; il quale poi (seguendo Prospero) anchor si fece Aragonese. Verginio fu inuitato di

tornare

tornare à seruire il Rè Ferrandino con offerta di grã soldo, e ricompessa dell'honore, e dello stato, che fu l'vfficio del gran Contestabile, dato al Signor Fabritio, e lo stato d'Abruzzo, d'Alba, e di Tagliacozzo; ma giudicando egli che non ci fusse l'honor suo, come caparbio, si fece Francese; & accettò gli stipendi loro, anchorche in ciò i medesimi Signori Orsini non approuassero quel suo consiglio, poi ch'era tutto in pregiudicio dell'honore, e della salute dell'Italia; laquale in quel tempo cospiraua contra i Francesi, dubitando di non andare in seruitù di quella potetissima natione. Ma esso indurato da vna fatale ostinatione, andò col seguito di molti Capitani della fattiõ sua cõtra il Rè Ferrandino; dicendo à chi lo consigliaua, e fra gli altri à gli huomini del Papa, del Duca Lodouico; e de' Signori Vinitiani, che gli proponeuano e mostrauano i pericoli, ne' quali si metteua, & i chiari premij, che dall'altra parte se gli offeriuano: Io son simile al Camelo, il quale per natura, arriuando à vn fonte chiaro, non beue di quell'acqua, se prima calpestrandola, non la fa torbida. E per questo portò vn Camelo, che intorbidaua vna fonte, inchinandosi per bere, con questo motto Francese,   IL ME PLAIT LA TROVBLE. Ma certo il suo tristo cõsiglio hebbe pessimo fine, perche superato in quella guerra, assediato in Atella e preso, morì nella prigione del Castel dell'Vouo, e così portò la pena della sua peruersa opinione.

Il

DI M. GIOVIO. 63

Il conte di Pitigliano, assoldato dà Signori Vinitiani alla guerra di Lombardia, meritò d'esser Generale, & hebbe per impresa il collare di ferro, chiamato in Latino, MILLVS, il quale è ripieno d'acute punte, come si vede al collo de' cani mastini de' pastori per difendergli dal morso de' lupi, e col motto, SAVCIAT ET DEFENDIT. Vedesi hoggidi la sudetta impresa in Roma nel palazzo di Nicosia, ch'è d'vno de' Signori di casa Orsina, e nel mezo del detto collare stà il motto, che dice: PRIVS MORI QVAM FIDEM FALLERE. Vi sono anche due mani, che nel far vista di pigliare il collare, si trouano passate pel mezo dalle punte, ch'egli ha à torno, & in meso sta la rosa.

Alte

Alle nominate due imprese non cedeuano punto ne di bellezza, ne di proprietà di significato, quelle de' due fratelli cugini Colonnesi, Prospero e Fabritio, i quali in diuersi tempi portarono diuerse inuentioni secōdo le fantasie loro, parte militari, e parte amorose. Perche ciascun di loro, insino all'estrema vecchiezza non si vergognò mai d'essere innamorato, massimamente Prospero; il quale hauendo posto il pensiero in vna nobilissima dōna, della quale per coprire il fauore ch'egli n'haueua, e mostrar l'honestà, s'assicurò di menar seco per compagno vn famigliar suo caualier di bassa lega, ilche fu molto incautamente fatto; percioche la donna sua (come generalmente quasi tutte le donne sono) vaga di cose nuoue, s'innamorò del compagno talmente

talmente, che lo fece degno dell'armor suo; di che auuedutosi Prospero, e sentendone dispiacere infinito, si mise per impresa il Toro di Perillo; che fu il primo à prouare quella gran pena del fuoco, acceso sotto'l ventre del Toro, nel quale egli fu posto dentro, per capriccio del Tiranno Falari, onde vsciua lamento di voce humana, e miserabil mugito. E ciò fece Prospero per inferire, ch'egli medesimo era stato cagione del mal suo: e'l motto era tale; INGENIO EXPERIOR FVNERA DIGNA MEO. Fù questa inuentione del dottissimo Poeta M. Gabriello Attilio Vescouo di Policastro. DOM. À me pare, che l'anima di questa vaghissima inuentione potesse esser più bella, e quadrerebbe forse meglio dicendo: SPONTE CONTRACTVM INEXPIABILE MALVM

E

GIO. *Certamente quella del S. Fabritio passò il segno di bellezza, ilquale perseuerando nelle parti Francesi, inuitato à seguire il cōsenso d'Italia cō gran premio, nel principio fece molta resistenza, e si pose per impresa sulla soprauesta vn vaso antico pien di ducati d'oro, con questo motto:* SAMNITICO NON CA-PITVR AVRO. *Significando ch'esso come Fabritio era simile à quello antico Romano, che da Sanniti in lega col Rè Pirro non volse esser corrotto, anchora con gran quantità d'oro. Il qual motto e suggetto resta tanto più eccellente, quanto è più conforme all'antico, pel nome di Fabritio; e fu trouato da lui medesimo.*

Ne

Ne portò anchora un'altra assai accommodata; e fu
la pietra del paragone con molte linee e vari saggi, col
motto; FIDES HOC VNO VIRTVSQVE
PROBANTVR Quasi volesse dire, che la virtù e
fede sua si sarebbono conosciute al paragone d'ogn'altro. Fù portata da lui questa impresa nella giornata di Rauenna, doue il valor suo fu
chiaramente conosciuto, anchor
ch'egli vi restasse ferito
e prigione.

LE IMPRESE

Nella medesima guerra, il S. Marc' Antonio Colonna nipote carnal di Prospero, ch'era stato posto in presidio alla difesa della città di Rauenna, nella quale si portò franchissimamente cōtra l'impeto della terribil batteria di Mons. di Fois, hebbe vn'impresa, laquale di argutezza (à mio parere) auanza ogn'altra: e fu vn ramo di palma, attrauersato con vn ramo di Cipresso; e'l motto di sopra ilquale fu composto da M. Marc'Antonio Casa nuoua, poeta eccellente, che diceua; ERIT ALTERA MERCES. Volendo inferire ch'egli andaua alla guerra per riportar vittoria ò per morire; essendo la palma segno di vittoria, & il Cipresso funebre. Hebbe questo Signore in se tutti i doni che la natura e la fortuna potesser dare insieme ad vn'huomo per farlo singolare.

Il medesimo Marc' Antonio ne portò vn'altra alla guerra della Mirandola e di Bologna, nella quale era legato il Cardinal di Pauia; che essendo di natura alle volte troppo strano & imperioso, esso signore come generoso & altiero Romano, non intendeua d'esser commandato, ma voleua fare ogni debito di fattion militare da se stesso ; tanto più veggendo ch'el detto Cardinale vsaua inconuenienti modi col Duca d'Vrbino, per liquali da lui fu poi ammazzato. Per mostrare dunque l'animo suo, fece l'impresa dell'Aerone, che in tēpo di pioggia vola tant'alto sopra le nuuole, che schifa l'acqua, che non gli venga addosso, & altrimenti è vsato di starsi sguazzādo nelle paludi per natura, amando l'acqua da basso ; ma non quella che gli poteſſe cader ſopra. L'impreſa riuſcì giocondiſſima di viſta, perche oltra la vaghezza dell'vccello chiamato in Latino, Ardea, v'era figurato il Sole ſopra le nuuole, e l'vccello ſtaua tra le nuuole e'l Sole nella regiõ di mezo, doue ſi generano le pioggie e le grãdini; da baſſo erano paludi con verdi giunchi & altre verzure, che naſcono in ſimil luoghi; ma ſopra tutto era ornata d'vn belliſſimo motto col breue, che giraua intorno al collo dell'Aerone, NATVRA DICTANTE FEROR. L'inuentione non fu tutta del S. Marc'Antonio, ma fu aiutato da gli ingeni eruditi, de' quali egli faceua molto conto, & honoraua: e fra quegli fui anchor'io vn tempo, e de' famigliariſſimi.

Vienemene à mente vn'altra, ch'egli pur vsò, come quel

quel, che si dilettaua molto di simili ingeniose imprese; e se la mise alla guerra di Verona, laqual città fu francamente difesa dalla virtù sua contro l'impetuosa forza de' due campi, Francese, e Vinitiano. Figurò dunque una veste in mezo'l fuoco, laquale nõ ardeua come quel, che voleua, ch'ella s'intendesse fatta di quel lino d'India chiamato da Plinio Asbestino, la natura del quale è nettarsi dalle macchie, e nõ consumarsi nel fuoco; & haueua questo motto; SEMPER PERVICAX. Quasi che volesse dire, ch'egli sarebbe stato costantissimo contra ogni forza di guerra de' nimici.

Imitò felicemente la prontezza dell'ingegno del S. Marco Antonio, il S. Mutio Colonna, che fu nipote del S. Fabritio, il quale fu un valoroso e prudente

Caualiero, e meritò d'hauer la compagnia di cento lancie da Papa Giulio, e poi da Leone; nè saioni e bandiere dellaqual cōpagnia fece fare vna assai proportionata impresa; cioè, vna mano, che abbruciaua nel fuoco d'vn'altare da sacrificio, e col motto: FOR-TIA FACERE ET PATI ROMANVM EST. Alludendo al suo nome proprio, à similitudine di quell'antico Mutio, che disegnò indarno d'ammazzare Porsena Rè di Toscana, ilquale volse, che la mano, che errò ne portasse la pena. Il che fu di tanta marauiglia, che, come dice il Poeta, HANC SPECTARE MANVM PORSENA NON POTVIT. Fù l'inuentione di M. Tamira huomo letterato, e seruitore antico di Casa Colonna.

I Signo

I Signori Colonnesi ne portarono vna, laquale seruiua vniuersalmente per tutto il ceppo fatta in quello
esterminio di Papa Alessandro cōtro i Baroni Romani, perche furon costretti tutti col Cardinal Giouanni
à fuggirsi di Roma, e ricouerarono parte nel regno di
Napoli e parte in Sicilia; nel qual caso parue, che pren-
dessero miglior partito, che nō haueuan fatto i signori
Orsini, hauēdo eglino eletto di voler più tosto perder la
roba e lo stato, che commetter la vita all'arbitrio di
sanguinosißimo Tiranni. Ilche non seppero far gli
Orsini, i quali perciò ne restarono disfatti e miserabilmente strozzati. L'mpresa fu, ch'essi voleuano dire,
che anchor che la fortuna gli perseguitasse, e gli sbat-
tesse, essi però restauano anchor viui, e con isperanza

E 5

che paſſata l'aſprezza della buraſca, s'haueſſero à rileuare. Fù dico, l'impreſa alquanti giunchi in mezo d'vna palude turbata da' venti, la natura de' quali è di piegarſi, mà nõ già di romperſi per impeto dell'onde ò di venti: era il motto, FLECTIMVR, NON FRANGIMVR VNDIS. DOM. Io giudico Mōs. che queſta inuentione (e fuſſe di chi ſi voleſſe) ſia belliſſima, e compita d'anima e di corpo. GIO. Et io credo, anzi tēgo per fermo, ch'ella vſciſſe dell'ingegno di M. Iacopo Sannazaro poeta chiariſſimo, e molto fauorito del Rè Federigo, dalquale furono raccolti e ſtipēdiati i Colonneſi; e dopò ch'eſſo Rè fu cacciato, s'accoſtarono al gran Capitano.

Poi che hauete narrate l'impreſe de' Signori Romani,

ni, mi parrebbe cōueniente, che voi narraſte anchora l'impreſe de gli altri Prencipi e Capitani d'Italia, e de' foreſtieri, ſe ve ne ſouuiene. GIO. Vdite prima quel la, che portò il S. Bartolomeo d'Aluiano valoroſo e vigilante, benche poco felice Capitāno. Egli fu gran difenſore della fattione Orſina, difeſe valoroſamente Bracciano contra la forza di Papa Aleſſandro: e preſe Viterbo, rouinando la parte Gatteſca in fauore de' Maganzeſi, dicendo, che quelli erano il peſtifero veleno di quella Città. Et eſſendo ſtato morto il capo loro Giouan Gatto, fece fare per impreſa nello ſtēdardo ſuo, l'animale chiamato l'vnicorno, la proprietà delquale è contraria ad ogni veleno, figurando vna fontana circondata d'Aſpidi, Botte, & altri ſerpenti, che vi fuſſer venuti à bere, e l'vnicorno prima che vi beeſſe, vi cacciaſſe dentro il corno per purgarla dal veleno, meſcolandola, com'è di ſua natura, & haueua vn motto al collo; VENENA PELLO. Il detto ſtendardo ſi perdè nella giornoata di Vicenza, hauendolo difeſo vn pezzo dalla furia de nimici Marc' Antonio da Monte, Veroneſe; che lo tenne
abbracciato, nè mai lo laſciò,
fin che non cadde
morto.

Ab

Al medesimo signor Liuiano fu trouata vna arguta impresa dal Cotta Veronese suo Poeta, dopò la detta rotta di Vicenza, della quale diceuano, che fu potissima cagione il proueditore M. Andrea Loredano; il quale nel punto che si ritirauano i nimici Cesariani, corse armato in corazzina di velluto cremisino al padiglion del Generale. E trouãdolo con molti capitani à vna tauola, che consultauano di quanto s'hauesse à fare, cominciò à rinfacciargli la viltà, e la tardanza loro; perche essi diceuano, ch'à nimici, che fuggono, si deurebbon fare i ponti d'oro: & egli pure istaua, che nõ se gli lasciassero scappar dalle mani, atteso che eran rotti. Per le cui braue e furiose parole si prese partito molto sinistro di seguitarli e fare il fatto d'arme, dicen

de

do il Generale ; Io non voglio, che costui mi faccia tagliar la testa con le ballotte in Pregai, come interuéne al Carmigniuola; e così furono rotti i Vinitiani; & il Loredano restando morto, pagò la pena della sua temerità. All'hora il Cotta eshortò il suo signore, che in cambio dell' Vnicorno, che s'era perduto nella giornata, portasse per insegna vn'Oca in mezo d'alquanti Cigni, con vn breue legato al collo, che dice; OBSTREPVIT INTER OLORES. per inferire, ch'ella è cosa impropria, ch'vn Senator togato voglia prender presuntione di giudicare ne' casi di guerra trà capitani. Rifiutò tale impresa il Liuiano, ancorche molto la lodasse, per non morder il Loredano morto miserabilmente, e per non trattarlo da Oca.

Metterò mano hora à quegli, che hanno auanzato

to gli altri di fama e di gloria, fra i quali stimo il primo Francesco di Gonzaga Marchese di Mantoua, il quale riuscì famosissimo per la giornata del Tarro, e per la vittoria della cōquista del Reame di Napoli per lo Re Ferrandino, essendo stato il detto Marchese di Mantoua calumniato appresso il Senato Vinitiano, (del quale egli era Capitan generale) da alcuni maligni & inuidiosi, poi che si fu chiarissimamente giustificato e purgato, vsò per impresa come cosa, che molto quadraua à suo proposito, vn Crociuolo al fuoco pieno di verghe d'oro, nel qual vaso si fa certa proua della finezza sua, con vn bel motto di sopra, tratto dalla Scrittura sacra; PROBASTI ME DOMINE, ET COGNOVISTI; volendo intendere anchora la seguente parola; cioè, SESSIONEM MEAM. Perche quei calūniatori hauēdo detto, ch'el Marchese in quella giornata haueua voluto sedere sopra due selle; cioè seruire i Signori Vinitiani col fiero combattere, & il S. Lodouico Sforza suo cognato, col temporeggiar dopò la giornata, lasciādo di seguitare i Francesi mezi rotti, nel qual caso esso nō hebbe colpa; perche fu tutta del Conte di Gaiazzo, che si volse far grato alla casa di Francia, sapendo di non farne dispiacere al Duca Lodouico; che non desideraua veder totalmente vincitori i Signori Vinitiani; acciò che disfatti i Francesi, vittoriosi non andassero per occupar lo stato di Milano, da lor desiderato fin dal tempo del

del Padre, e del Duca Filippo.

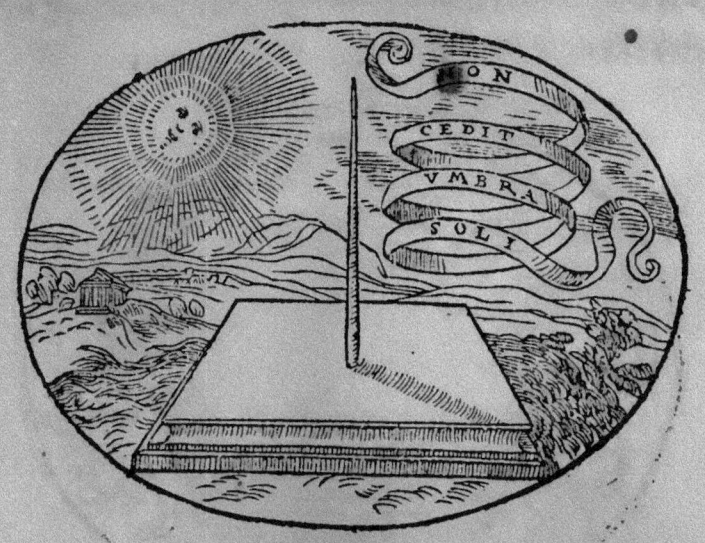

Fra i chiarißimi Capitani fu senza controuersia di somma peritia e d'estrema riputatione il S. Giouā Iacopo Triuulcio, il quale da principio come nimico del Duca Lodouico Sforza, veggendolo incaminato à occupare il Ducato, ch'era legitimamente del Nipote, si partì sdegnato, non potendo soffrire i modi d'esso S. Lodouico, & accostoßi col Rè d'Aragona; il quale all'hora s'era scoperto nimico dello Sforza per la medesima cagione. E volendo inferire, che nel gouerno della patria sua egli non era per cedere vn punto à esso S. Lodouico, portò per impresa vn quadretto di marmo, con vno stile di ferro piantato nel mezo, opposto al Sole; ch'era antica insegna di casa Triuulcia,

con

con vn motto; NON CEDIT VMBRA SOLI.
Poi che girando il Sole quanto si vuole, sempre quello
stile rende la sua ombra.

Alfonso Duca di Ferrara, Capitano di risoluta
prodezza e mirabil costanza, quand'egli andò alla
battaglia di Rauenna, portò vna palla di metallo piena di fuoco artificiale, che suampaua per certe commissure; & è di tale artificio, che à luogo e tēpo il fuoco
terminato rōpendosi, farebbe gran fracasso di quegli,
che gli fussero incontra; ma gli mancaua il motto, il
quale gli fu poi aggiunto dal famoso Ariosto, e fu;
LOCO ET TEMPORE. E fu poi conuertito in
lingua Francese per più bellezza dicendo, A LIEV
ET TEMPS. Mostrollo in quella giornata sangui-
nosa

noſa,perche dirizzò di tal ſorte l'artiglieria, che fece grandiſsima ſtragge d'huomini.

Il Duca d'Vrbino poi che per la morte di Papa Leone, ricuperò il ſuo ſtato, eſſendoſi inſieme co' Signori Baglioni riconciliato e collegato cō Giulio Cardinal de' Medici, che gouernaua all'hora lo ſtato di Fiorēza fu condotto da quella Republica per Generale; & hauendomi M. Tomaſſo de' Manfredi ſuo ambaſciatore ricercato, ch'io trouaſi vn'impreſa per lo ſtendardo e per le bandiere de Trombetti del Duca; io gli feci vna Palma, c'haueua la cima piegata verſo terra per vn gran peſo di marmo, che v'era attaccato, volēdo iſprimere quel, che dice Plinio della Palma, che'l legno ſuo è di tal natura, che ritorna al ſuo eſſere, anchor

F

che sia depresso da qual si voglia gran peso, vincēdolo in ispatio di tempo col ritirarlo ad alto, col motto che diceua; INCLINATA RESVRGIT. Alludēdo alla virtù del Duca, laquale non haueua potuto opprimere la furia della fortuna contraria, ben che per alcun tempo fusse abbassata. Piacque molto à S.Ecc. & ordinò, che si facesse lo stēdardo, anchor che per degna occorrenza non venisse poi à prendere il bastone del Generale. DOM. Piacemi molto, che siate entrato à narrar l'imprese, che hauete fatte di vostro ingegno, sapendo che ce ne sono molte à diuersi Signori, come ho veduto nel Museo. GIO. Certamente io n'ho fatte parecchie à miei giorni, ma mi vergogno à narraruele tutte, perche ce ne sono alcune ch'anno i diffetti, che sogliono hauere le cose humane; atteso che (come hò pur detto da principio) il formar dell'imprese, è quasi come una ventura d'un capriccioso ceruello, e non è in nostra mano col lungo pensare trouar cosa degna del concetto, e del patrone, che la vuol portare, & ancho dell'authore, che la compone. Perche vi si mette dell'honore, quādo per altro è stimato degno del nome di letterato. Et in effetto, altro è il ben dire nel narrare un concetto; & altro è l'isprimerlo con anima e corpo, che habbia del buono, e niente dello sciocco. Et à me, che n'ho fatte tante per altri, volendo trouar' un corpo di soggetto in corrispondenza dell'anima del motto, il quale porto io, che è; FATO PRVDEN-
TIA

TIA MINOR; È interuenuto quel, che auuiene à calzolai, i quali portano le scarpe rotte e sgarbate facendole nuoue à posta alla forma del piè d'altri. Percioche non hò potuto mai trouar soggetto di cosa alcuna, che mi sodisfaccia, come interuenne anchora (secōdo ch'io hò detto di sopra) à M. Giasone del Maino. Ma prima ch'io vi dica le mie, per modestia narrerò pur quelle de gli altri, acciochè le mie gli facciano buō paragone.
DOM. Guardate pur Mons. che forse non ne smacchiate qualch'vna che vi paia zoppa.

GIO. Certo nò, perche io non voglio ricordarmi se nō delle belle, atteso che s'è detto assai delle ridicole. E per continuare il proposito, dico, che quella del S. Ottauian Fregoso alla guerra di Bologna, e di Modona fu reputata ingeniosissima, ma alquanto strauagante per la pittura, perche portò vna gran filza della lettera O nero in campo d'oro, nel l'embo dell'estremità delle barde; lequali lettere per abbaco significan nulla, e quand'hanno vna lettera di numero auanti, fanno vna moltitudine quasi infinita. verbi gratia, facendoui vn iota, significherà milioni di milioni. Era vn breue di sopro al lembo, che lo giraua tutto; dicendo: HOC PER SE NIHIL EST, SED SI MINIMVM ADDIDERIS, MAXIMVM FIET. significando, che con ogni poco d'aiuto, haurebbe ricuperato lo stato di Genoua, il qual fu già del S. Pietro suo padre, e vi fu ammazzato combattendo; essendo

F 2

esso S. Ottauiano all' hora come fuoruscito, quasi niete appogiato al Duca d'Vrbino, ma in assai aspettatione d'esser rimesso in casa, come fu poi da Papa Leone. E' ben vero, che il motto è souerchiamente lungo, ma la natura dell'argutissimo soggetto lo coporta molto bene.

Il S. Gieronimo Adorno, il quale prendendo Genoua col braccio de'Cesariani, cacciò il detto S. Ottauiano Fregoso per hauere egli ceduto al Ducato, facēdo si egli francese col nome di Gouernadore; fu giouane di gran virtù, e perciò d'incomparabile aspettatione, ma la morte gli hebbe inuidia troppo tosto. Esso come giouane arditamente innamorato d'vna gentil dōna di bellezza e pudicitia rara, laquale io conoscena, & anchor viue; mi richiese, ch'io gli facessi vn'impresa

di

di questo tenore, che pensaua e teneua per certo, che l'acquisto dell'amor di costei, hauesse à esser la contentezza e 'l principio della felicità sua; ò che non l'acquistādo fusse per metter fine à trauaglij, che haueua sopportati per l'addietro, sì di questo amore, come dell'imprese di guerra e prigionia con affrettargli la morte. Il che vdendo, mi souuenne quello, che scriue Giulio Obsequente de prodigij; cioè, che il Fulmine hà questa natura, che venendo dopò i trauaglij e le disgratie, ci mette fine, e se viene nella buona fortuna, porta danni, ruine, e morte. E così fu dipinto il fulmine di Gioue in quel modo, che si vede nelle medaglie antiche, e con vn breue intorno; EXPIABIT AVT OBRVET. Piacquegli molto l'impresa, e fu lodata dal dottissimo M. Andrea Nauagero, disegnata à colori dal chiarissimo pittore M. Titiano, e fatta di bellissimo ricamo, & intaglio dall'eccellente Agnolo di Madonna, ricamator Vinitiano, poco auanti che 'l detto S. Girolamo, per adiempire l'vltima parte del motto passasse all'altra vita in Vinegia, oue risedea per sopr'Ambasciador Cesareo.

Ma poi che siamo entrati in mentione de' Signori Genouesi, ve ne voglio nominar tre assai belle, ch'io feci à richiesta di due Signori della Casa de' Fieschi, Sinibaldo, e Ottobuono, a' quali fui molto famigliare e grato. Essi mi dimandarono vn'impresa, che significasse la vendetta da lor fatta della morte del Conte Girolamo lor fratello, crudelmente ammazzato da' Fregosi per emulatione dello stato; e fu tale, che ne restarano spenti de la vita i percussori, Zaccheria Fregoso, il S. Fregosino, & i Signori Lodouico e Guido. La onde si racconsolarono della perdita del fratello; dicendo, che i nimici non si poteuano vantare d'hauere vsato contro lui tanta crudeltà, non essendo solito trà Fregosi, Adorni, e Fieschi, insanguinarsi le mani del
sangue

sangue de' contrarij, ma solamente esser lecito di contender tra loro ciuilmēte del Principato, ouero à guerra aperta. Io feci lor dunque vn' Elefante assaltato da vn dragone; il quale attorcendosi alle gambe del nimico, suol mettere il morso del veleno al ventre dell' Elefāte, per laqual ferita velenosa si muore: ma egli per natura conoscendo il pericolo, gira tanto intorno, che troua qualche sasso ò ceppo d'albero, doue appoggiatosi tanto frega, che schiaccia & ammazza il detto dragone. L'impresa hà bella vista per la varietà de' due animali; & il motto la fa chiarißima, dicendo in Ispagnuolo; NON VOS ALABAREIS. Volendo dire a' Fregosi, voi non hauete à vantarui d'hauer commesso tanta impietà nel sangue nostro.

Io ne trouai vn'altra à medesimi Signori Fieschi sopra questo proposito: che trattãdo essi d'adherirsi alle parti Cesaree, e cõgiũgersi co' Signori Adorni; molti loro affettionati e partigiani seruidori lor diceuano per auuiso, che non hauessero fretta di risoluersi à far questo; perche le forze del Rè di Francia eran grandi, e'l S. Ottauian Fregoso con le spalle della parte haueua molto ben fermato il pede nel gouerno, & era per difendersi gagliardamente, se gli moueuano guerra in quegli articoli di tempo. Alche essi Signori Fieschi rispondeuano, che sapeuan molto bene il come & il quando di far simil cosa. E così sopra questa materia mi dimandarono vn'impresa; ond'io subito mi ricordai di quel, che scriue Plinio de gliuccelli chiamati

Alcioni

Alcioni, iquali per istinto naturale aspettano il solstitio del verno, come opportuno à loro, e sanno quādo debbe venire quella tranquillità di mare, che suol venire ogn'anno, e volgarmente è detta la state di San Martino, nella quale stagione i predetti Alcioni ardiscono di fare il nido, far l'voua, couarle, & hauerne figliuoli in mezo'l mare, per lo felice spatio concesso loro dalla detta bonaccia. Là onde auuiene, che i giorni di tanta calma son chiamati Alcionidi. Feci adunque dipingere vna serenità di Cielo, e tranquillità dè mare, con vn nido in mezo rileuato da prua e da poppa, con le teste di questi due vccelli prominenti da prua, essendo eglino di mirabil colore, azurri, rossi, biāchi, verdi e gialli, cō vn motto sopra loro in lingua Frācese, NOVS SAVONS BIEN LE TEMPS. Cioè, noi sappiā bene il tēpo di quādo habbiamo à far l'impresa contra gli auersari nostri; e così riuscì loro felicemente lo rientrare in casa, & il vendicarsi dè nimici col buono augurio de gliuccelli Alcioni. Vedeuasi questa vaghissima impresa dipinta in molti luoghi del lor superbo palazzo
di Violà, innanzi, che per
decreto publico fusse
rouinato.

❊

F 5

Fecine anchora vn'altra, che forse è riuscita meglio delle sopradette, al medesimo S. Sinibaldo in materia d'amore; ilquale fiorisce meglio per la pace dopò la guerra. Amaua questo Signore vna gentildonna, & ella era incominciata à entrare in gelosia, veggendo che il S. Sinibaldo andaua molto intorno, all'vsanza di Genoua, burlando e trattenendosi con varie dame. La onde gliele rinfacciaua spesso; dolendosi della sua fede, di come poco netta e leale. E volendo egli giustificarsi appresso di lei, mi richiese d'vn'impresa à questo proposito. Et io gli feci il bussolo della calamita, appoggiato sopr' vna carta da nauigare, col suo cōpasso allegato; e di sopra il bussolo d'azuro à stelle d'oro il ciel sereno, col motto che diceua; ASPICIT VNAM.

DI M. GIOVIO. 91

VNAM. *Significando, che, se ben sono molte bellissime stelle in cielo, una sola però è guardata dalla calamita; cioè, fra tante, la sola stella della tramontana. E così si venne à giustificare con la sua Dama, che da lui era amata fidelmente; e, che quantunque egli andaua vagheggiando dell'altre, non era per effetto, ma per coprire il vero col simulato amore. L'impresa parue anche più bella per la vaga vista, e fu assai lodata da molti, e fra gli altri dal dottissimo M. Paulo Pansa suo segretario.*

D MO. *Hor sù Mons. qui non bisogna gouernarsi on ordine, essendo questa cosa straordinaria; seguite adunque quelle, che di mano in mano, vi cadono in memoria, così circa l'imprese d'amore, come di guerra;*
benche

benche io giudico meglio, che spediate quelle dell'armi, per finir poi il ragionaméto in dolcezza d'amore.
c 10. Souuiémene vna bella, che portò già il Signor Giouan Paulo Baglione, che fu persona di consiglio e valor militare, di bella presenza, e di molto cortese eloquenza, secondo la lingua Perugina; ma sopra tutto molto astuto; essendo riuscito come Tiranno di Perugia, e Gouernatore dell'esercito Vinitiano: benche poco gli valesse l'essere auueduto e bene assettato nel seggio della sua patria; perche Papa Leone, anchor che di natura clementissimo, prouocato da infinite querele, & in spetie da' medesimi capi della casa Bagliona, adescandolo ad andare à Roma, gli tagliò la testa: e così venne busa e vanissima la sua impresa, laquale era vn Grifone d'argento in campo rosso, e col motto: VNGVIBVS ET ROSTRO ATQVE ALIS ARMATVS IN HOSTEM. Onde argutamente disse il S. Gentil Baglione, suo emulo, Quest'vccellaccio non hà hauuto l'ali, come l'altre volte, per fuggire la trappola, che gli era stata tesa.

Ricord

Ricordomi d'un'altra, ch'io feci à Girolamo Mattei Romano, Capitan de' caualli della guardia di Papa Clemente, che fu huomo di risoluto & alto pensiero, e d'animo deliberato; hauendo con gran patienza, perseueranza, e dissimulatione aspettato il tempo per ammazzare (come fece) Gieronimo nipote del Cardinal della Valle, ad effetto di vendicar la morte di Paluccio suo fratello, che dal detto Gieronimo fu crudelmēte ammazzato per cagione d'un litigio ciuile. Hauendomi dunque egli (per tornare all'impresa) pregato ch'io gliene trouassi una, significante ch'un valoroso cuore hà forza di smaltire ogni graue ingiuria col tempo, volendola egli porre sulla bandiera, gli figurai uno Struzzo, che inghiottiua un chiodo di ferro, col motto

94   LE IMPRESE

motto; SPIRITVS DVRISSIMA COQVIT.
Fù sì lodata quella sua notabil vendetta, che inimici della Valle accettarono la pace, per cancellar la briga tra le due casate; & Papa Clemente gli perdonò l'homicidio, e lo fece Capitano.

Lo Struzzo mi seruì anchora per la diuersità di sua natura, e per diuerso effetto, à vn'impresa, laquale io feci già al mio S. Marchese del Vasto, in quel tempo che'l Papa e l'Imperatore abboccati in Bologna ordinarono le cose dell'Italia, e si fece Capitano della lega per difensione di tutti gli stati, e conseruatione della pace il S. Antonio da Leua; il qual grado pareua che appartenesse più al S. Marchese per alcune ragioni, ch'al S. Antonio: ma Papa Clemēte offeso per gli danni ri

ni riceuuti ne gli alloggiamenti dalle fanterie Spagnuole nel Piacentino e Parmigiano, doue viuendo i soldati à discretione, nè rimediando il Marchese alla troppo licenza militare, haueano miserabilmente saccheggiato quasi tutto il paese, si volse vendicare con posporlo; perche egli sdegnato si rammaricò molto di S. Santità in questo modo: Io mi potrei pentire di non essere interuenuto al sacco di Roma, quando mi partì & abandonai le genti, rifiutando quel Capitanato, come buono Italiano, per non esser presente all'ingiurie e danni, che si preparauano al Papa. E consolandolo io, mi rispose. S'io non sono stato aiutato à montare in alto per la bontà mia, almeno restando capo Generale di questa inuitta fanteria, non mi si potrà torre, che nelle fattioni della guerra nessun m'auanzi. E perciò m'astrinse à trouargli vn'impresa accommodata à questo suo pensiero. Parsemi molto à proposito vno Struzzo messo in corso, che (come dice Plinio) suol correndo farsi vela con l'ali per auanzare ogni animale nel corso, poi che hauendogli la natura dato le penne, non si può alzare à volo, come gli altri vccelli; e così gliene diedi con questo motto: SI SVRSVM NON EFFEROR ALIS, CVRSV SALTEM PRAETERVEHOR OMNES. E fu tanto più grata, perche haueua bellissima vista nel ricamo, ch'era di rilieuo nelle soprauseste e barde.

Il

Il medesimo vccello diedi anche proportionatamente per impresa al S. Conte Pietro Nauarro, quãdo per la capitolatione della pace fu liberato dalla prigione de Castel nouo, e venne à Roma; che all'hora presi seco stretta familiarità per l'informationi, ch'io desideraua da lui in seruitio dell'historia da scriuersi per me, nel che mi sodisfece molto cortesemente, essendo egli bramoso di gloria; & hauendomi egli contate tutte le vittorie e le disgratie sue; mi richiese poi d'vna impresa sopra certi soggetti, che in effetto non mi piaceuano molto. Ond'io gli replicai, à me par Signore che non debbiate vscir del proprio per cercar l'appellatiuo; perche hauendou'io fatto glorioso inuentore di quel mirabile & stupendo artificio delle mine, nel-
l'historie

l'historie mie, che vi faranno immortale, in quel luogo doue miracolosamente faceste volare per l'aria il Castel dell'Vouo à Napoli, non vorrei, che vi partiste da questo, come da cosa, che v'hà portato estremo honore, e peculiar reputatione. Ond'egli ciò confessando esser vero, tornò à dirmi; Guardate voi, se in esso trouaste alcun proposito, ch'io ne sarò contento. Io perche alcuni scriuono, che lo struzzo non coua le sue voua sedẽdoui sopra come glialtri vccelli, ma guardandogli co'raggi efficacissimi del lume de gliocchÿ, figurai lo struzzo maschio e la femina, che mirauano fissa mente l'voua loro, vscẽdo lor da gliocchÿ raggi sopra le dette voua; e'l motto era questo; DIVERSA AB ALIIS VIRTVTE VALEMVS; Esprimendo la sua vnica laude e peritia dell'inuentione di quei machinamenti sotterranei, che con la violenza
del fuoco sono agguagliati all'effetto delle furie infernali. Piacque assais-
simo l'impresa al Conte
Pietro, & accet-
tolla.

G

D O M. Certamente Mons. questi vostri struzzi con la lor proprietà mi pare, c'habbian seruito à pennello in queste tre diuersissime imprese; e nõ sò certo, se potrete migliorare in quell'altre, che vi restano à dire, fatte da voi: e sarà possibile, che smaccaste l'altre, che conterete fatte d'altri belli ingegni. G I O. Io non son sì arrogate, che io presuma nè in questo, nè in altro di farsì bene da potere auanzare; ma nè anche agguagliare l'inuentioni de gli altri ingegni, come fu quella, che portò già il gran Marchese di Pescara la prima volta, ch'egli andò Capitan generale di tutti i caualli leggieri, laqual fu ben veduta dà nimici nel fatto d'arme di Rauenna, nel quale esso Marchese per difender la bandiera sua, fu grauemẽte ferito, e poi, trouato frà morti, fatto prigione dà Francesi. D O M. Dite
Mons.

Mons. Chè portaua egli nella bandiera e soprauesta?
GIO. *Vn targone Spartano col motto: che quella magnanima donna porse al figliuolo, che andaua alla battaglia di Mãtinea, dicẽdogli;* AVT CVM HOC, AVT IN HOC; *Volendo intender ch'el figliuolo si deliberasse di combatter sì valorosamẽte, che riportasse vittoria, ò morendo come generoso e degno del nome Spartano, fusse riportato morto nel targone à casa; com'era antica vsanza de' Greci, notata etiam dio da Verg.* IMPOSITVM SCVTO REFERVNT PALLANTA FREQVENTES. *Ilche anche si comprende dalle parole di quel famoso Epaminonda Spartano, ch'essendo stato nella battaglia ferito à morte e riportato da' suoi soldati, domandò con grande istanza, se'l suo scudo era saluo; & essendogli risposto di sì, morendo dimostrò segno d'allegrezza. Fù la detta inuentione del nobile Poeta M. Pietro Grauina.*

Si fon dilettati molto di queste imprese militari & amorose i Capitani Francesi, fra' quali è stato tra' più segnalati, e che habbiano meritato titolo di Generale, Mons. della Trimoglia, che vittorioso nella giornata di Santo Albino di Brettagna, doue restò prigione il Duca d'Orliens, che fu poi Rè Lodouico, uso per impresa una ruota con questo motto, SANS POINCT SORTIR HORS DE L'ORNIERE; per significar, ch'egli caminaua per camin dritto nel seruire il suo Rè senza lasciarsi deuiare da alcuno interesse. E fu Capitano d'estrema autorità, il qual vecchio d'anni settanta combattendo, morì honoratamente nel cospetto del suo Rè, quando fu superato e preso nella giornata di Pauia.

Fù

DI M. GIOVIO.

Fù anchora de' primi Capitani, che veniſſero in Italia nobiliſſimo e belliſſimo, Luigi di Luzimborgo della ſtirpe dell' Imperatore Arrigo, il qual morì à Buonconuento; en' hauete viſta la ſepoltura nel duomo di Piſa. Fù coſtui chiamato Mons. di Ligni, quegli, à cui s'arreſe il Duca Lodouico Sforza, quando fu tradito da gli Suizzeri à Nouara, aſpettando da lui, e per interceſſion ſua qualche alleggerimento della ſua calamità. Egli(per tornare al propoſito) hebbe per impreſa un Sol d'oro in campo di velluto azurro, ch'era circondato da folte nuuole, col motto di ſopra; OBSTANTIA NVBILA SOLVET. Inferendo, che hauendo egli hauuto molte auuerſità, dapoi che fu tagliata la teſta à ſuo padre gran Conteſtabile di Francia, ſperaua col valor ſuo ad uſo del Sole, che con

la virtù del caldo diſſolue le nuuole, vincere ogni cõ-
trario alla ſua chiara virtù; nè però hebbe tempo di far
lo, perche morì troppo toſto.

Succeſſe à queſti Gouernatore in Lombardia Car
lo d' Amboſia, chiamato per la dignità dell' vfficio del
la corte Reale Gran Maſtro e Sig. di Chiamon. Egli
fu di dolce natura e molto dedito à gli amori, anchor
che in viſo dimoſtraſſe a' eſſer robuſto, e con parole co-
leriche pareſſe fiero e bruſco, pure ſi dimeſticaua molto
con le donne, dilettandoſi di feſte, banchetti, danze, e
comedie; laqual vita non fu molto lodata dal Rè Lodouico, perche ſi trouò molto occupato in ſimili piaceri in tempo, che doueua ſoccorrer la Mirandola oppu-
gnata e preſa da Papa Giulio. Portaua il detto caua
liere

liere per impresa vn'huomo saluatico con vna mazza verde in mano, laquale si vedeua ricamata ne' saioni della sua compagnia, e disopra era vn breue con vn verso latino; MITEM ANIMVM AGRESTI SVB TEGMINE SERVO. *Volendo significare per assicurare e conciliarsi le dame, che non era così brutto, come pareua.*

Parue la sopradetta inuentione à molti bella. Et vna ne porto à mio iudicio bellissima Giouan Francesco Sanseuerino Conte di Caiazzo, il quale per emulatione di suo fratello Galeazzo nella passata de' Frācesi in Italia, si partì dal Duca Lodouico, & accostossi co' detti Francesi con qualche carico dell'honor suo: perciò che tal partenza fu molto sospetta. Vedeuasi *l'impresa ricamata ne' saioni delle cento lancie: ch'egli haueua ottenute dal Rè: e ciò era un trauaglio, che usano i maniscalchi per ferrar caualli bizarri e calcitrosi, con questo motto francese:* POVR DOMPTER FOLLIE. *Per dinotare, che domerebbe alcun suo nemico di così fatta natura.*

Fù etiandio appresso i Francesi di nota virtù e famoso Capitano Hebrar Stuardo nato del sangue Reale di Scotia, e chiamato Mons. d'Obegnì. Vsaua questo Signore, come parente del Rè Iacopo Quarto, un' Leone rampante rosso in Campo d'argento, con molte fibbie seminate ne' ricami de' saioni e sopraueste, e dipinte negli stendardi, col motto latino; DISTANTIA IVNGIT. *significando ch'egli era il mezo e la fibbia da*

bia da tenere vniti il Rè di Scotia, e'l Rè di Frācia, per far giusto contrapeso alle forze del Rè d'Inghilterra, nimico naturale de' Francesi e Scozzesi.

DOM. *Parmi Mons. che voi torniate a' nostri Italiani, almeno à quelli (come si dice) della Seconda bossola, poi che hauete nominati da principio quei grādi, alla gloria de' quali hoggidi pochi posson presumere di potere arriuare; parendomi che i Signori Colōnesi & Orsini non habbian più à questi giorni del lor ceppo chi camini per le lor pedate nell' essercitio dell'arte militare. E bisognerà ben, che sudino que' Prencipi, che vorrāno agguagliarsi alla fama di Francesco Gōzaga, d' Alfonso da Este, di Giouan Iacopo Triuulcio & i Signori Regnicoli: de' quali altre volte vscirono*

G 5

famosi Capitani, mi pare che vadano declinando, perche gli honori e le dignità, che si danno della militia già molti anni, son poste in mano à genti forestiere. E s'el S. Ferrāte Sāseuerino Prēcipe di Salerno, ornato di molte virtù, nō suscita l'honor del Regno, poco veggo da potere sperare ne gli altri Prencipi. GIO. Voi dite il vero M. Lodouico mio: e ben lo mostrò egli nella giornata della Ceresola: perche essendo chiaro, che con la prudenza sua, ritirandosi honestissimamente fece in gran parte vana la vittoria Francese, si può dire, che conseruasse lo stato di Milano e del Piemonte alla M. Cesarea: che non fu poca lode in tāte disgratie. D O M. Ditemi Mons. porta questo Prencipe alcuna impresa? parmi quasi che non gli debba mancare, essendo anchora per altro galantissimo caualiere. G I O. Non ve ramente, ch'io sappia; perche certo la dipingeremmo, come honoratamente l'hò dipinto nell'historie al detto luogo della Ceresola; ma io non hò mai veduto sua bandiera, nè impresa amorosa ch'egli habbia; del che mi marauiglio, hauendo in casa il secondo Poeta M. Bernardo Tasso. È anco nel Regno il S. Duca d'Amalfi di casa Piccolomini gentile & ardito caualiere, e sopra tutto ottimo caualcatore e conoscitore de' caualli aspri e coraggiosi. Egli eshortato in mia presenza dal S. Marchese del Vasto suo cognato à leuarsi dalle delitie di Siena, essendo egli all'hora Gouernatore di quella Rep. & à girsen seco alla guerra del Piemonte, gli
rispose

rispose che lo spirto era pronto e la carne non inferma; ma, che poteua dir quella parola dell' Euangelic; NE-MO NOS CONDVXIT. All'hora il S. Marchese lo fece Generale di tutti i caualli leggieri nella guerra del Piemonte. Doue il Duca innanzi che partisse mi domandò vn'impresa per lo stendardo, e per hauergli detto il Marchese, che tre cose conueniuano à tal Capitano; cioè, ardire, liberalità, e vigilanza; rispos'io non gli ricordate Signore nè la liberalità, nè l'ardire(hauendole egli apparate da voi) nè anche la vigilanza, perche egli hà da natura di leuarsi innāzi giorno, ò per andare à caccia, ò per leuarsi tosto dal luogo, oue dorme. Sopra che si rise vn poco; ma la vigilanza, che voglio dir'io, comprende ogni cura, che si prende per non esser colto all'improuiso, e per poter cogliere altri. Fecigli dunque per impresa vna Grù da metter nello stendardo col piè manco alzato, con vn ciottolo fra lunghie, rimedio contra il sonno; come scriue Plinio di questi vccelli marauigliosamente aueduti, e col breue intorno, che dice; OFFICIVM NATVRA DOCET.

DOM.

DOM. *Ditemi Mons. fra gli altri Signori Regnicoli, più antichi di questo, non ce ne fu alcuno che portasse qualche bella impresa?* GIO. *Ce ne sono stati certo, ma io non mi ricordo se non di due; l'una d'Andrea di Capoua Duca di Thermole, che fu d'estremo valor militare, e l'altra di Thomaso Carrafa Conte di Matalone. Il Duca nel fiore dell'età sua, essendo stato creato Capitano generale da Papa Giulio, morì à Ciuità Castellana con qualche sospetto di veleno, che gli fu dato forse da chi gli portaua inuidia di tanto honore. Vsaua per impresa questo Signore vn mazzo di corsesche da lanciare, volendo dire che non gli mancherebbono armi da lanciare per non lasciarsi accostare i nimici; era il motto;* FORTIBVS NON DEERVNT.

Il Cote di Matalone, che fu Generale del Rè Ferrandino, hebbe per impresa una stadera, con questo motto, tratto dall'Euangelio. HOC FAC, ET VIVES. Laquale impresa mi parse troppo larga, perche la stadera importa il pesar molte cose; e fu motteggiata da Mons. di Persì, fratello di Mons. d'Allegri, che rompendo il campo Aragonese à Eboli, guadagnò lo stendardo del Generale, e disse; PAR ma foy, mon ennemi n'ha pas fait ce qu'il ha escrit alentour de son Peson, pource qu'il n'ha pas bien pesé ses forces auec les miennes.

E poi

LE IMPRESE

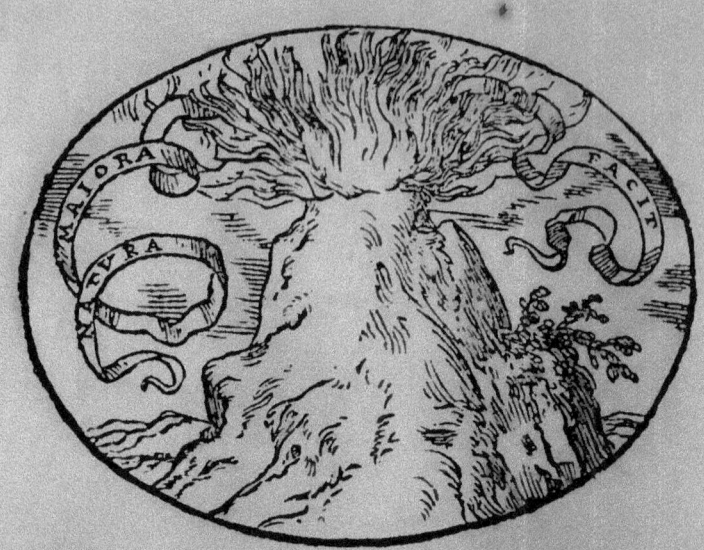

E poi che siamo entrati ne' Napoletani, non mancherò di dire, che si bene i Prencipi quasi degenerãdo da' lor maggiori, non vanno alla guerra, io penso che sia, perche non son lor date le dignità e' gradi secõdo che conuerrebbe, essendo passate le dignità in mano de' forestieri; ma non ci mancano però huomini della seconda classe nobili e valorosi, i quali per virtù aspirano à gli honor grandi, fra i quali di presente è il S. Giouan Battista Castaldo chiarissimo per mille belle e fresche proue, quando Mastro di campo del gran Carlo Quinto hauendo acquistato molta laude nell'imprese d'Alemagna, s'hà guadagnato honor d'esser Luogotenente e Capitan generale del Rè de' Romani nell'impresa di Transiluania contra Turchi e Valacchi.

chi. Esso Castaldo à quel tempo che bolliua la guerra in Piemonte contra Francesi, non volendosi ritrouare in essa, perche gli pareua ch'el S. Marchese del Vasto hauesse distribuito tutti gli honori à persone manco perite dell'arte militare di lui, come sdegnato staua in otio à Milano, e diceua, che'l S. Marchese faceua cose quasi fuor di natura, e da far marauigliar le gēti del suo giudicio strauagante: e consolandolo io con viue ragioni, egli mi disse, fatemi vna impresa sopra questo concetto. Et io feci il monte Etna di Sicilia, il quale in cima arde con gittar fiamme di fuoco, e poco più à basso è carico di nieue: e non molto lontano da essa si vede la vastità delle pietre arse, & al basso amenissimo paese coltiuato e frugifero, con vn motto, che diceua: NATVRA MAIORA FACIT: alludendo alla strauaganza del S. Marchese in compartire gli honori del campo: perche in ciò quel dolcissimo Signore voleua compiacere à molte persone, che per vari interessi gli poteuano commandare: e cosi sforzato riportaua taccia di non perfetto giudicio, poi che si scordaua d'vno antico, leale e valoroso seruitore: com'era esso S. Castaldo. E quest' Etna dipinto hà marauigliosa vaghezza per la varietà delle parti sue, si come hauete visto in figura nel nostro Criptoportico, oue sono l'altre imprese de gli amici e padroni.

DOM.

DOM. *Adunque Monsignore, voi non douete mancare di dirmi, quali sono l'altre imprese, che hauete fatto dipingere nelle case vostre.* GIO. *Euui fra l'altre quella della Eccellentissima e non mai à bastanza lodata, la Signora Marchesa di Pescara Vittoria Colonna, alla memoria della quale io tengo infinito obligo, come hò mostrato al mondo con la vita dell'inuittissimo suo consorte, il Signor Marchese di Pescara. Essa Signora anchor che tenesse vita secondo la disciplina Christiana, pudica e mortificata, fusse pia e liberale verso ogn'vno, non le mancarono però inuidiosi e maligni, che le dauano molestia, e disturbauano i suoi altissimi concetti; ma si consolaua, che quei tali credendo nuocere à lei, noceuano à se stessi: e fu più che vero per molte ragioni, che hora nõ*

accade

accade dire. Perche io feci certi scoglij in mezo il mar turbato, che gli batte con l'onde procellose, con vn motto di sopra, che diceua; CONANTIA FRANGERE FRANGVNT; *quasi volesse dire, che gli scoglij della sua fermißima virtù ribatteuano in dietro le furie del mare, con roperle e risoluerle in ischiuma. E tiene questa impresa vaga vista, e perciò l'hò fatta accuratamente dipingere nella casa nostra.*

E poi che siamo entrati nelle donne, ve ne dirò vn'altra, ch'io feci alla elegantißima Signora Marchesa del Vasto, Donna Maria d'Aragona; dicendo essa, che si come teneua singolar conto dell'honor della pudicitia, non solamente lo voleua conseruare con la persona sua, ma anchora hauer cura, che le sue dō-

H

ne, donzelle e maritate per istracuraggine non lo perdessero. E perciò teneua vna disciplina nella casa molto proportionata à leuare ogni occasione d'huomini e di donne, che potessero pensare di macchiarsi l'honor dell'honestà. E così le feci l'impresa, che voi hauete vista e lodata nell'atrio del Museo, laquale impresa è due mazzi di miglio maturo legato l'vno all'altro, con vn motto, che diceua; SERVARI ET SERVARE MEVM EST. Perche il miglio di natura sua, non solamente conserua se stesso da corruttione, ma anchora mantiene l'altre cose, che gli stanno appresso, che non si corrompano; si com'è il reubarbaro e la canfora, lequali cose pretiose
si tengono nelle scatole piene di mi-
glio, alle botteghe de gli speciali, accioch'elle non si
guastino.

DOM.

DOM. Mi piace che siate disceso da' Capitani sino alle donne: il che è comportabile, poi che queste due furon moglij di due singolari Capitani. GIO. Da questo mi vengo ricordando d'una bellißima gentildonna amata da Odetto di Fois, chiamato Mons. di Lotrech, laquale gli diceua motteggiando, ch'egli era ben nobile e valente, ma ch'era troppo superbo: com'era forsè vero. Perche essendo egli corteggiato ogni mattina da' nobilißimi e ricchißimi Signori feudatarij dello stato, non leuando la berretta, à pena degnaua di guardargli in viso: il che faceua scandalizare & ammutinare tutta la nobiltà di Milano, laqual cosa fu cagione, che pigliasse partito di portare vn'impresa al proposito in cambio della vacca rossa co' sonaglij, come antica insegna della

H 2

casa di Fois. Il che fu un largo camino d'una fornace, che ardeua con un gran fuoco dentro, e per le bocche usciua fuora molta nebbia di fumo con un motto, che diceua: DOV'È GRAN FVOCO, È GRAN FVMO. Volendo inferire e rispondere alla dama, che dou'è gran nobiltà e gran valor d'animo, quiui anchora nasce gran fumo di superbia.

Ond'è necessario, che i grandi si guardino di far cosa, che possa esser tassata dàlle brigate, come fu quella del Signor Theodoro Triuulcio, il quale hauendo lungamente militato co' Francesi e con gli Aragonesi nel Regno di Napoli, era stimato prudente e riseruato Capitano, più per parlar poco ne' consiglij, che per combatter molto nelle fattioni; il quale portando per

do per impresa cinque spighe di grano senza più, e
senza motto alcuno, essendo tenuto poco liberale verso
le sue genti d'arme nell'hospital cortesia, e nel trat-
tamento delle paghe, venne talmente in fastidio à
Signori Vinitiani, de' quali egli era Generale, che pē-
sarono di volerlo cambiare al Signor Marc Antonio Colonna: e diede ancho materia d'essere burle-
uolmente calonniato da M. Andrea Gritti Proueditore del Campo, dopò il fatto d'arme della Bicocca. Il qual disse, questo nostro Generale và molto mal fornito di vettouaglia, perche non porta più prouisione
se non de cinque spighe di grano. Alche rispose
M. Cesare Viola, che portaua il suo Guidone, huomo
valente e faceto, nobil Milanese, dicendo: Non vene
marauigliate Signor Proueditore, perche il nostro Capitano viue à minuto, e dà à credenza, e pagasi poi à contanti. Hora queste spighe del Signor Theodoro mi riducono à memoria l'impresa, ch'io feci al Signor
Marchese del Vasto, quando dopò la morte del Signore Antonio da Leua fu creato Capitan Generale di
Carlo Quinto Imperatore, dicendo egli, che à pena
eran finite le fatiche, ch'egli haueua durate per esser
Capitano della fanteria, chegli era nata materia di maggior trauaglio: essendo vero, ch'el Generale tiene
souerchio peso sopra le spalle: gli feci dunque in conformità del suo pensiero, due cotoni di spighe di grano maturo con un motto, che giraua le barde e le sim-

H 3

brie della soprauesta, e circõdaua l'impresa nello stendardo: il qual motto diceua: FINIVNT PARI-
TER RENOVANTQVE LABORES. Vo-
lend'io isprimere, che à pena era raccolto il grano,
che nasceua occasion necessaria di seminarlo per vn'-
altra messe, e veniua à rinouar le fatiche de gli ara
tori. E tanto più conuiene al soggetto del Signor
Marchese, quanto che i manipoli delle spighe del grano furono già gloriosa impresa guadagnata in battaglia da Don Roderigo Daualos bisauolo suo, gran
Contestabile di Castiglia. E questa tale inuentione
hà bellissima apparenza, come l'hauete vista dipinta in molti luoghi del Museo: e perciò la continuò sempre fino alla sua morte, come
niente superba e molto conforme
alla virtù sua e de'
suoi maggiori.

Ne

DI M. GIOVIO.

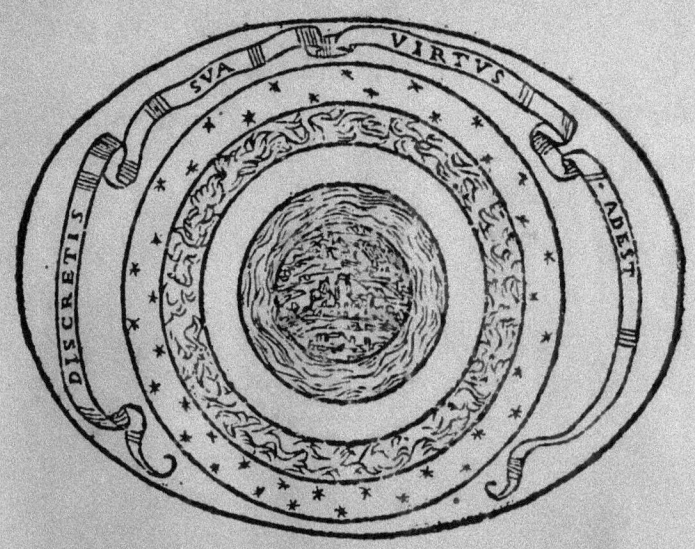

Ne portò anchora un'altra poco auanti molto bella, trouata da M. Gualtieri Corbetta, Senator Milanese, huomo dottiβimo nelle buone lettere, ad un proposito, che voleua dire esso Signor Marchese, che desideraua venire (si com'era venuto) Capitan Generale, per poter moſtrare interamente il suo valore, senza che si communicaſse la laude col sopraſtāte Capitano; dicendo hauer trouato, che molte sue prodezze erano attribuite nel proceſso della guerra ò al Marchese di Pescara, ò al Sig. Proſpero, ò al Signore Antonio da Leua. E che all'hora ſperaua, come liberato da Collega e da fineſtre sopra tetto, moſtrare al mondo quanto sapeſse e valeſse nell'arte militare. Figurò dunque eſso M. Gualtieri le Sfere de' quattro elementi separati, con vn motto di sopra, che diceua; DISCRETIS SVA VIRTVS ADEST. Volendo intender, che gli elementi nel luogo loro hanno la sua peculiar virtù. Ilche non confesserebbe vn filosofo, perche il fuoco nella sua propria Sfera non cuoce nè abbrucia; ma solamente quand'egli è legato con la mistura de gli altri elemēti. E perche hebbe bella apparēza di quelle quattro Sfere, fu tolerata e fatta in pittura nelle bandiere de'trombetti.

Ne portò anchora il predetto Signor Marchese vna bella in materia amorosa, che gli fu trouata da M. Antonio Epicuro, litterato huomo nell'Academia Napoletana, laquale fu il tempio di Giunone Laciniæ.

Lacinia; il quale sostenuto da colonne haueua vn'-
altare in mezo, col fuoco acceso, che per nessun vēto
si spegneua mai, anchor ch'el tempio fusse d'ogn'intorno aperto per gli spatij degl'intercolonnij: volēdo
dire à vna dama sua, che lungo tempo egli haueua
amata, e doleuasi all'hora d'essere abondonata da
lui, com'ella in ciò s'ingannaua e doleuasi à torto
di lui; perche il fuoco dell'amor suo era eterno &
inestinguibile, come quello dell'altare del tempio di
Giunone Lacinia. E seruì per motto l'iscrittione
d'esso tempio, che giraua pel fregio dell'architraue
posto sopra le colonne, IVNONI LACINIAE
DICATVM; E questa impresa hebbe bella presenza, anchor che hauesse bisogno di qualche letterato, che dichiarasse l'historia à
color, che non sanno più
che tanto.

Fù anchora vn poco ampullosa l'impresa del Signor Luigi Gonzaga chiamato per la brauura Rodomonte; il quale il dì che Carlo Quinto Imperatore fece l'entrata in Mantoua, portò vna sopraueſta di raso turchino fatta à quadretti, i quali alternati di colore à due à due, l'vno moſtraua vno scorpione ricamato; e l'altro vn breue, che diceua; QVI VIVENS LAEDIT, MORTE MEDETVR; eſſendo la proprietà dello scorpione di medicare il veleno, quando egli è ammazzato e poſto sopra la piaga: volendo che s'intendeſſe, ch'egli haurebbe ammazzato chi preſumeſſe d'offenderlo, riualendoſi del danno dell'offeſa con la morte del nimico.

Hebbene

DI M. GIOVIO. 123

Hebbene vn'altra il medesimo Signor Luigi di Gonzaga, che fu molto più bella; e ciò fu, ch'essendo egli venuto co' soldati imperiali all'assalto di Roma, & essendo entrata la sua bandiera prima di tutti sopra le mura di Roma, tra la porta Aurelia e la Settimiana, dopò già preso il borgo di San Pietro, per l'ardire de' soldati di quella bandiera fu presa, e miserabilmente saccheggiata Roma da' Tedeschi, da' Spagnuoli e da Italiani, ch'adheriuano alla parte Cesarea. Et egli diceua, che'l soldato debbe hauere per iscopo la fama ò buona ò trista ch'ella si sia; quasi dicendo, che la presa e la rouina di Roma, anchor che fosse abomineuole ad ogni buono Italiano, pensaua nondimeno che gli douesse dar fama e riputatione. E per questo
s'in

s'inuetò l'impresa del tempio di Diana Efesia, il quale essendo abbruciato da vn'huomo desideroso di fama, nè curandosi ch'ella fusse pessima & empia per hauer distrutto la più bella cosa del mondo, gli fu fatto da' Greci vn decreto, che non si nominasse mai il nome di lui, come sceleratissimo & abomineuole; il motto suo diceua,

ALTERVTRA CLARESCERE FAMA; il qual motto gli fu poi messo da me, e fu prouato e lodato da lui e da altri; hauendone esso posto vn'altro, che non ci pareua così viuo; cio è, SIVE BONVM, SIVE MALVM FAMA EST.

Ne feci anchor'io vna, ch'auena dell'altiero, al Signor Marchese del Vasto, anchorche fusse d'honesto propo

proposito, perche dicendo sua Signoria ch'erano molti nel campo suo, i quali per gli circoli e ne gli alloggiamenti presuntuosamente diceuano, il Signor Marchese potrebbe fare vna grossa incamiciata, ò vn'assalto ad vn forte, ò combattere à bandiere spiegate alla prima occasione, ò espugnare il t.al castello; mostrando molto sapere, e molto ardire con le parole, e tassando quasi il Capitano per cessante; & egli diceua, che questi tali quando istauano i pericoli, e bisognaua che mostrassero prodezza e menasser le mani, taceuano e non compariuano al bisogno, quando esso si trouana con la spada in mano. E per isprimere questo suo concetto, io dipinsi quello istromento meccanico, il quale hà molti martelli & vna ruota, che fà grande strepito, e si mette sopra i campanilli al tempo delle tenebre ne' giorni santi, per dar segno de gli vfficij sacri in cambio delle campane, lequali in quel tempo per comune instituto à riuerenza della morte di Christo nō suonano; & in luogo d'esse supplisce al bisogno lo strepito, che fà questo tale istromento; il quale in verità hà vna bizarra presenza; & il motto suo dice;
QVVM CREPITAT, SONORA SILENT;
ciò è quando è il vero bisogno, e che'l Signor Marchese fulminando con l'armi entra ne' pericoli, i braui e le toghe de' consiglieri cagliano di timore, e non rispondono alle brauure fatte à parole.

Non

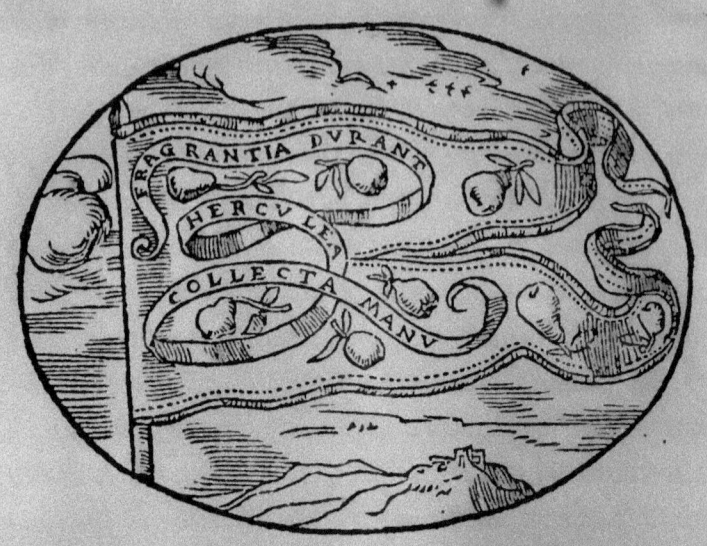

Non lascierò di ragionarui dello stendardo del Conte di Santafiore, Caualiero ardito e generoso, il quale egli portò nella battaglia della Scriuia, e fu tutto seminato di mele cotogne; laqual'è l'antica arme del suo valorosissimo Capitano Sforza da Cotignola per linea diritta, arcauolo suo, e tra queste cotogne scorreua un breue con queste parole; FRAGRANTIA DVRANT, HERCVLEA COLLECTA MANV; Volendo significare che le mele cotogne, colte da quel valorosissimo Capitano, durano anchora gittando buono odore; alludendo ad Hercole, che simili frutti colse ne gli horti delle Hesperide. Il campo dello stendardo era rosso, e le mele d'oro.

Vna

Vna bizarra impresa inalberò già per significar l'animo suo quel valente Capitan Borgognone, che seruiua i Francesi, chiamato Mons. di Gruer fraterlo del famoso Signore Antonio Basseio detto Bailì di Digion. Essendo questo Gruer innamorato d'vna dama alquanto rustica e restia, per hauere ancho vn marito simile à lei, ma sopra tutto auarose che nel mostrar desiderio di volergli compiacere, gli metteuano taglia di cose difficili; per isprimer ch'era per far ogni cosa in sodisfattione dell'appetito loro, fece fare nella soprauesta sua, e nelle barde di tutti gli huomini d'arme della sua compagnia, vna femina saluatica pilosissima del tutto, eccetto che nel viso; la quale si tiraua à dietro attaccato per lo naso con vna corda vn bufalo,

bufalo, & appresso gli veniua vn'huomo pur piloso con vn gran bastone verde broncoluto in mano, significante il marito della dama, quasi che sforzasse il bufalo à caminare: & il motto si leggeua; MENATE-MI, E NON TEMETE; Volendo inferire che sarebbe ito pacificamente, dou'essi hauessero voluto, perche per sua disgratia si trouaua attaccato per lo naso. Faceua quello animalaccio vn bel vedere accompagnato da quelle due figuraccie: e fu comportata la forma dell'huomo, essendo più tosto mostruosa, che humana.

Fù vn gran Signore nostro padrone innamorato d'vna dama, laquale per propria incontinenza non si contentaua de' fauori del nobilissimo amante, e pratticandole

ticandole in casa vn giouane di nation plebea, ma per altro assai disposto della persona, e non brutto di volto,si fattamente di lui s'inuaghì, ch'ella (come si dice) ne menaua smanic; e per vltimo indegnamente lo riputò degno del suo amore. Venne assai tosto la cosa all'orecchie di quel Signore, forse palesandosi per se stessa la donna per gli inconsiderati e poco honesti modi suoi, di che egli estremissimamente si scandalizò; & commandommi (che ben commandarmi con ogni sicurtà poteua) ch'io gli facessi vn'impresa dell'infrascritto tenore: Ch'egli veramente si teneua beato, essendo nel possesso di cotanto bene, ma accortosi poi d'esser fatto compagno di persona si vile, gli pareua che d'vn sommo bene fosse ridotto in estrema miseria & dispiacere. Io sopra questo soggetto feci dipingerli vn carro triõfale, tirato da quattro caualli bianchi, e sopra esso era vn Imperator trionfante con vno schiauo nero dietro gli, che sul capo gli teneua la laurea all'antica Romana; essendo lor costume per ammorzar la superbia e vanagloria dell' Imperatore, di fare anchor trionfar seco quello schiauo nero. Era di sopra il motto tolto da Giouenale; ciò è, SERVVS CVRRV PORTATVR EODEM; Volendo dire, ben ch'io habbia il fauore da questa gentildonna, non mi aggrada però, essendomi comune con sì ignobile & infimo seruo. L'impresa hebbe bellissima vista in pittura, e quel gentilissimo Signore grandemente

I

130　　　*LE IMPRESE*

ſodisfattone, la fece poi ſcolpire in vna medaglia d'oro, e fu ancho tolerata l'effigie dell'huomo da chi è ſcrupuloſo compoſitor dell'impreſe, eſſendo in habito ſtraordinario.

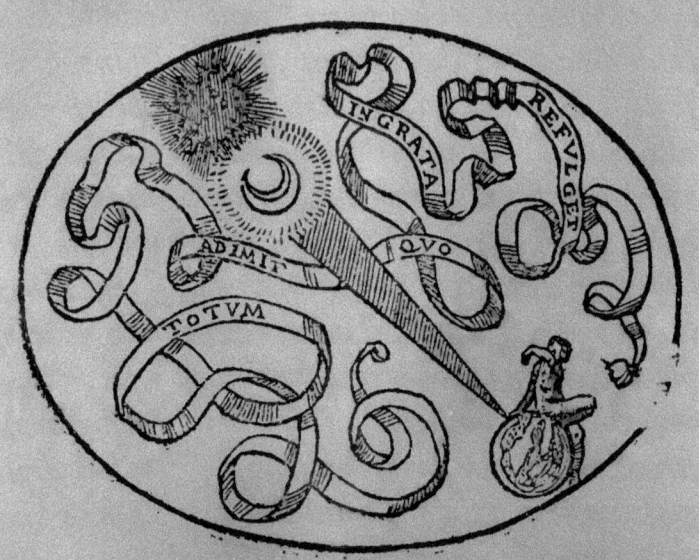

DOM. *Queſta certo mi piace, perche l'anima del verſo di Giouenale gli dà la vita. Ma ditemi Monſignore, i Signori Cardinali, co' quali hauete sì lungamente pratticato, ſogliono eglino portare impreſe?*
GIO. *Sì veramente, quando eſsi ſon prencipi nobili, come fu il Cardinale Aſcanio; il quale hauendo meſſo ogni ſuo sforzo in conclaue per far crear Papa Rodrigo Borgia, che ſi chiamò poi Aleſſandro ſeſto, non ſtette molto, che ne gli effetti grādi lo trouò nō ſolo ingrato, ma capital nimico: perche per opera del detto, e per*

li per

DI M. GIOVIO.

li peruerſi diſegni ſuoi fu ſcacciato da Franceſi il Duca Lodouico da Milano; e ſenza punto intralaſciar l'odio, non reſtò mai di perſeguitar caſa Sforzeſca, ſin che non furon traditi, ſpogliati dello ſtato, e condotti prigioni in Francia. In queſto propoſito fece far Monſignore Aſcanio per impreſa l'Ecliſſi del Sole, il quale ſi fà per l'interpoſition della Luna tra eſſo e la terra: volendo intender, che ſi come il Sole non riſplendeua ſopra la terra per l'ingiuria & ingratitudine della Luna, la quale da ſe non hauendo luce alcuna, tutta quella che hà, la riceue dal Sole, e nell'Ecliſſi la leua al benefattor ſuo, come ingratiſſima; così Papa Aleſſandro l'haueua pagato d'vn ſommo beneficio riceuuto con grandiſſima ingratitudine; il motto diceua; TOTVM
ADIMIT QVO IN-
GRATA RE-
FVLGET.

DOM. Certo questo Papa Aleſſandro fu vn terribile e peſtifero moſtro quaſi per tutta la nobiltà d'Italia,ſi come hò viſto nella voſtra hiſtoria ; e mi marauiglio manco di tanta ingratitudine verſo Monſignore Aſcanio, che fu per vn gran tempo l'honor della corte Romana, hauendo alcuni Papi ſucceſſori à lui ſeguite le medeſime pedate ; il che chiariſſimamente appare diſcorrendo ſopra le vite de' Pontefici che ſon venuti poi.

GIO. L'inuentione fu attribuitta à M. Bartolomeo Saliceto, nipote del chiariſſimo Iuriſconſulto Bologneſe, ch'era Ambaſciatore del detto Cardinale appreſſo il Duca Lodouico. Vsò il detto Monſignor innanzi 'l tempo delle ſue rouine certe nuuole illuminate

nate dal Sole quasi in forma di far l'arco baleno, come si vede sopra la porta di Santa Maria della consolatione in Roma; ma perche ella è senz'anima, ogn'vno l'interpreta al suo modo, e per diritto e per rouescio.

Hippolito da Este Cardinal di Ferrara zio del moderno, che hà il medesimo nome, hebbe per impresa vn Falcone che sosteneua con gli artigli i contrapesi d'vno horologio; come si vede dipinto sulla porta del parco delle Terme di Diocletiano; e non vi mise motto, perche voleua intendere con lo spezzar la parola del Falcone, che faceua le sue cose à tempo; ciò è fal con tempo, e viene ad hauere quella medesima menda che hà il Falcon col diamante della casa de' Medici. Et oltr'à quel Falcone, portò anchora per impresa amorosa vn Camelo inginocchiato carico d'vna gran soma con vn motto, che diceua; NON SVE-FRO MAS DE LO QVE PVEDO; Volendo dire alla dama sua, non mi date più grauezza di tormento di quel che posso sopportare; essendo la natura del Camelo, che spontaneamente s'inchina à
terra per lasciarsi caricare; e quando
si sente addosso peso à bastanza, col leuarsi significa
non poterne sop-
portar più.

Dopò la morte d'Ascanio, & del Cardinale San Giorgio, furono successiuamente il Cardinale Lodouico d'Aragona, e Sigismondo da Gonzaga, i quali pentendosi d'hauer creato Papa Leone, l'uno che fu Aragona, portò una tauoletta bianca con un breue, che la giraua intorno; dicendo, MELIOR FORTVNA NOTABIT, come si vede in più luoghi nella sala della rocca di Nepi. Et il Gonzaga portò un Crocodilo con un motto che diceua; CROCODILI LACHRIMAE; parole passate in prouerbio per significare la simulatione di coloro, che hanno belle apparenze d'amore, e nell'intrinseco hanno il veleno dell'odio di male effetto.

Sono

DI M. GIOVIO. 135

Sono poi stati duo luminaria magna della corte Romana, due giouani l'un dietro all'altro, Hippolito de' Medici, & Alessandro Farnese: e perche di quello habbiamo narrato la sua impresa peculiare dell' Inter omnes, della stella di Venere in forma di Cometa, e quella dell'Eclissi della Luna; narreremo hora quella del Cardinal Farnese, che sono state tre; ciò è, vn dardo che ferisce il berzaglio, con vn motto Greco, che diceua, ΒΑΛΛ'ΟΥΤΩΣ : che voleua dire in suo linguaggio, che bisogna dare in carta; e fu inuentione del Poeta Molza Modenese, il qual fu molto amato e largamente beneficato così dal prefato Medici, come da questo Farnese.

I 4

La seconda fu vna, che gli feci io secondo la richiesta sua, come si vede nelle superbe e ricche portiere di ricamo; e fu, dicendo sua Signoria Reuerendissima, ne' primi anni del suo Cardinalato, che non era anchor risoluto qual impresa douesse portare, e ch'io nè douessi trouare vna conforme à quanto mi diceua; volendo dire, che prosperandolo Dio e la fortuna negli occulti desiderij suoi, che al suo tempo gli paleserebbe con vna chiara impresa. Et io gli feci perciò vn cartiglio bianco, con vno suo lazzo d'vn breue attorno, che diceua; VOTIS SVBSCRIBENT FATA SECVNDIS. Perche si come il motto fu giudicato al proposito, così la pittura hà bella apparenza, secondo che hauete potuto vedere al Museo,

Museo, nella sala dedicata alla Virtù.

Vltimamente quando da Papa Paulo III. fu mandato Legato in Alemagna col fiore de'Soldati d'Italia in aiuto di Carlo Quinto Imperatore, per domar la peruersità de'Tedeschi fatti in gran parte Luterani e rebelli alla M.Cesarea, gli feci per impresa il fulmine trisulco, ch'è la vera arme di Gioue quando vuol castigare l'arroganza e poca religione de gli huomini, come fece al tempo de'Giganti, col motto che diceua; HOC VNO IVPITER VLTOR. Assomigliando le scomuniche al fulmine, e'l Papa à Gioue. E così come si vide, in buona parte per questi aiuti, che nel principio della guerra furono molto opportuni, Carlo Quinto con somma gloria riuscì vittorioso & parimente inuittißimo Augusto.

M. Andrea Gritti Proueditore alla guerra de' Signori Vinitiani fu di chiarißima fama dal principio al fine della guerra, che durò otto anni, e perciò meritò pel suo franco valore d'esser creato Prencipe e Doge della sua Rep. In quel tempo che per sua virtù si ricuperò Padoua, e la difese contro l'empito di Maßimiano Imperadore, che haueua seco tutte le nationi d'Europa; portò una magnanima impresa, che fu inuentione di M. Giouanni Cotta celebratißimo poeta Veronese; e fu il Cielo col zodiaco e' suoi segni, sostenuto dalle spalle d'Atlante, come figurano i poeti, che stà inginocchiato con la gamba sinistra, e con le mani abbraccia il Cielo con un breue, che riesce di
sotto

DI M. GIOVIO. 139

sotto via, che dice : SVSTINET, NEC FATI-
SCIT. *Anchor ch'esso Signore come modesto non la
portasse in publico per fuggir l'inuidia, benche gli
piacesse molto, e fosse ben lodato da ogn'vno. Et anchor che Atlante habbia forma humana, pur si può
tolerare per esser cosa fauolosa.*

*Non merita d'esser passata con silentio la signora
Isabella Marchesana di Mantoua, che sempre fu per
li suoi honorati costumi, magnificentissima, & in diuersi tempi della vita sua hebbe vari affronti di fortuna; i quali le diedero occasione di far più d'vn'impresa. E fra l'altre accadde, che per souerchio amore,
che portaua il figliuol suo il Duca Federigo ad vna
gentildonna, allaquale egli voltaua tutti gli honori e
fauori,*

fauori, essa restò come degradata e poco stimata, talmente che la detta innamorata del Duca caualcaua superbamente accompagnata per la Città dalla turba di tutti i gentil'huomini, ch'eran soliti accompagnar lei; e di sorte che non restarono in sua compagnia, se non vno ò due nobili vecchij, che mai non la volsero abandonare. Per lo quale affrontò essa Sig. Marchesa fece dipingere nel suo palazzo suburbano chiamato Porto, e nella Corte vecchia vna bella impresa à questo proposito, che fu il candelabro fatto in triangolo; il quale ne'diuini vfficij hoggidi s'vsa per le chiese la settimana santa; nel qual candelabro misteriosamente ad vno ad vno si leuano i lumi da' Sacerdoti, fin che vn solo vi resta in cima, à significatione che'l lume della fede nō può perire in tutto: alla quale impresa mācò il motto; & io, che fui gran seruitore della detta Signora, ve l'aggiunsi: & è questo, SVFFICIT VNVM IN TENEBRIS; alludendo à quel di Vergilio, vnum pro multis.

Portò

Portò similmente questa nobilissima Sig. per impresa un mazzo di polizze bianche, le quali si traggono dall'urna della sorte, volgarmente detta Lotto; volendo significare, che haueua tentato molti rimedij, e tutti l'erano riusciti vani, ma pure alla fine restò vittoriosa contra i suoi emuli, tornando nella sua grandezza di prima, e portò per impresa il numero XXVII. volendo inferire, come le sette, lequali l'erano state fatte contra, erano tutte restate vinte e superate da lei: il qual motto anchor che habbia di quel vitio detto per innanzi, par non dimeno tolerabile in una donna, e così gran Signora. Al figliuolo primogenito del Sign. Marchese del Vasto herede del nome e dello stato del gran Marchese di
Pescara

Pescara, nel quale si vede espresso segno di chiara virtù, per correre alla fama e gloria del zio e del padre & altri suoi maggiori, andando esso in Ispagna à seruire il Rè Filippo, feci per impresa il gran stipite del Lauro della casa d'Avalos, nel quale si veggono troncati alcuni più grossi rami, e fra essi si vede nato un diritto e gagliardo rampollo, il quale crescendo và molto in alto con un motto, che dice; TRIVMPHALI E STIPITE SVRGENS ALTA PETIT. E vien tantò più al proposito, quanto che'l Lauro è dedicato a'trionfi.

Non lascierò di contarui una, ch'io feci l'anno passato al Signore Andrea figliuolo dell'Eccellentissimo Sig. Don Ferrante Gonzaga, il quale come giouanetto

uanetto d'indole e speranza di sommo valore, hauendo ottenuto la condotta d'una compognia di caualli,mi ricercò dell'impresa per lo stendardo, & io alludendo à quel di Vergilio,Parma inglorius alba, gli feci uno scudo ouer brocchier rotondo col campo bianco,ch'aueua intorno un fregio, il quale haueua dentro quattro picoli tondi in quattro canti., legati insieme con quattro festoni d'alloro:nel primo v'era il crociolo dell'oro affinato del magnanimo Sign. Marchese Francesco col suo motto, Probasti me Domine; il qual Marchese fu suo auolo paterno; nel secondo,il monte Olimpo con l'altare della Fede del Duca Federigo suo zio; nel terzo quella dell'Auolo materno Andrea di Capoua, Duca di Thermole, ch'era, come di sopra hò detto,un mazzo di partigiane da lanciare col motto,che diceua,Fortibus non deerunt; nel quarto era il Cartiglio del Sig. suo padre senza corpo; cioè,Nec spe,nec metu:e giraua per l'estremità nel campo bianco dello scudo intra l'alloro un breue d'oro,che diceua; VIRTVTIS TROPHEA NOVAE NON DEGENER ADDET; Volendo dire,ch'egli non tralignerà da' suoi maggiori; ma aggiungerà qualche sua gloriosa e peculiare impresa. E questa inuentione fece vago vedere nello stendardo col suo honesto e moderato significato.

DOM.

DOM. È possibile Mons. che questi vecchij Capitani e Prencipi non portasser qualche arguta impresa? Par che questi Signori, & in specie quegli di Milano per un gran tempo non sapessero uscire di Semprevivi, di Buratti, Morsi, Moraglie, Streglie, Scopette, e simil trame con poca vivezza di motti, e forse troppo arrogante significato. GIO. Egli è vero, ma pure ce ne sono stati alcuni, che hanno hauuto del buono e dell'elegante; come fu quella di Galeazzo Visconte, che edificò il Castello, il palco, & il ponte di Pauia, opra pari alla grandezza de' Romani: esso portò il tizzone affocato con le secchie dell'acqua attaccate; volendo dire, ch'esso portaua la guerra e la pace, poiche con l'acqua si spegne il fuoco; vero è, che gli
mancò

DI M. GIOVIO. 145

mancò il motto. Ma quella del Conte Cola da campo basso à memoria de' nostri padri hebbe soggetto & anima; il quale stando al soldo col gran Duca Carlo di Borgogna, non si curò d'acquistar fama di notabil perfidia per vendicarsi d'una priuata ingiuria; e ciò fu, perche per vn disparere in vna consulta di guerra dal Duca Sig. suo souerchiamente colerico rileuò vna grossa ceffata; laquale mai non si potè dimenticare, riseruandola nello sdegnato petto all'occasion di poterla vendicare: e così fece dopò vn gran tempo alla giornata di Nansì, nella quale auuisò Renato Duca di Lorena, che non dubitasse d'assaltare il Duca con gli Suizzeri; perche egli con le sue genti d'arme non si sarebbe mosso à dargli aiuto, ma si starebbe à vedere: & in quel conserto restò fraccassato e morto il Duca, & esso Conte Cola addrizzò la sua bandiera verso Francia, accostandosi al Rè Luigi. E portò poi nella bandiera sua figurato vn gran pezzo di marmo d'vna antiquità rotto per mezo dalla forza d'vn fico saluatico; il quale col tempo porta ruina, ficcandosi per le fissure e commissure con lenta violenza; e sopra vi portò il motto, tolto da Martiale, che diceua; IN-CENTIA MARMORA FINDIT CAPRIFI-CVS. E fu reputata questa impresa non solo bella di vista, ma molto esemplare à Prencipi, che non debbano per colera villaneggiare i seruitori, massimamẽte nobili e d'importanza. DOM. Questa fu vna

K

gran vendetta, ma ignominiosa, e mi parue quasi simile à quelle di prete Rinaldo da Modona cappellano, sottomastro di casa, & alle volte cameriere di Christofano Eboracense Cardinal d'Inghilterra; ilquale hauendo riceuuto alcune volte sopra l'ingiurie di parole di fiere bastonate dal Cardinale, ch'era capriccioso e gagliardo di ceruello, per vendicarsene crudelmente l'auuelenò & ammazzò; e confessando poi il delitto fu squartato al tempo di Leone in Roma. Basta che non si debbe giuocar di mano in nessun caso con huomo fatto, perche bisogna ò ammazzare ò lasciare star di battere; percioche alla fine ogn'huomo offeso pensa alla vendetta per honor suo.

CIO. Sono alcuni grandi, che nelle imprese loro
segno

seguono la conformità ò del nome ò dell'arme loro, come fece il gran Matthia Coruino Rè d'Vngheria; il quale portò il coruo per impresa; vccello di forza, ingegno, e viuacità singolare; e chi portò l'arme propria; come fu il Signor Giouanni Schiepusiense, fatto Rè d'Vngheria per fauore di Solimano Signor de'Turchi, e per affettione d'alcuni baroni del Regno coronato in Alba regale. Esso portò per impresa vna Lupa con le poppe piene, che fu anchora l'arme del padre; ma egli v'aggiunse il motto, composto con conueneuole argutia dal Signor Stefano Broderico gran Cancelliere del Regno, che diceua; SVA ALIENAQVE PIGNORA NVTRIT; Volendo dire, che riccueua in gratia quegli, anchora, che gli erano stati contrari.

Io m'era quasi scordato di dirui vna, che ne portò il Signor Francesco Maria della Rouere Duca d'Vrbino, dopò che con le sue mani ammazzò il Cardinal di Pauia in Rauenna per vendicar l'importantissime ingiurie, che da lui haueua riceuuto. E fu vn Leone rampante di color naturale in campo rosso con vno stocco in mano, e con vn breue, chè diceua; NON DEEST GENEROSO IN PECTORE VIRTVS: e fu inuentato à similitudine di quello, che portò Pompeo (come narra Plutarcho) dal Conte Baldessar Castiglione, il quale interuenne col Duca alla morte del detto Cardinale, anchor che il Duca non volesse fare molta mostra di questa impresa per fuggir l'odio e l'inuidia de' Cardinali.

DI M. GIOVIO.

 Il Signor Stefano Colonna valoroso e magnanimo Capitan Generale del Duca Cosimo, portando per impresa la Sirena, antico Cimiero di casa Colonna, mi richiese alla domestica (come compare ch'io gliera)ch'io gli volessi fare vn motto per appropriarsi per impresa la detta Sirena, comune à sua casa. E così conformādomi col suo generoso pensiero, gli feci: CONTEMNIT TVTA PROCELLAS. *Volendo dire, ch'egli sprezzaua l'auuersità, come confidatosi nel valor suo; nel modo, che quella col suo nuotare supera ogni tempesta.*

K 3

LE IMPRESE

Feci anchora per rouescio d'una medaglia, che può seruire per ricami & altre pitture all'Eccell. Signora Duchessa di Fiorenza, una Pauona in faccia, laquale con l'ali alquanto alzate cuopre i suoi Pauoncini, tre alla destra, e tre alla sinistra, con un motto, che dice; CVM PVDORE LAETA FOECVNDITAS; alludendo alla natura dell'uccello, ilquale perciò è dedicato
à Giunone Reina del Cielo se-
condo l'openione
de' Gentili.

DOM.

DI M. GIOVIO. 151

DOM. *Ditemi Mons. poi che hauete numerato discēdēdo dal summo al basso quasi tutti i famosi Prencipi e Capitani, e Card. ecci nessun' altra sorte d'huomini, c'habbia portato imprese?* GIO. *Ce ne sono, e fra gli altri alcuni letterati à mio giudicio della prima classe; cioè M. Iacopo Sannazaro; il quale essendo fieramēto innamorato, e stimando che ciò gli fusse honore, con allegare il Boccaccio, che lodò Guido Caualcanti, Dante, e M. Cino da Pistoia, sempre innamorati fino all'estrema vecchiezza, stette ogn'hora in aspettatione d'esser ricompensato in amore, come gli auuenne: e portò per impresa un'urna piena di pietruzze nere con una sola bianca, con un motto, che diceua*: AEQVABIT NIGRAS CANDIDA

K 4

SOLA DIES. *Volendo intender, che quel giorno, che sarebbe fatto degno dell'amor della sua dama, haurebbe contrapesato quegli, che in vita sua haueua prouato sempre neri e disauenturati. E questo alludeua all'vsanza de gli antichi, i quali soleuano ogn' anno segnare il successo delle giornate loro buone e cattiue con le pietruzze nere e bianche, & al fine dell'anno annouerarle per fare il conto secondo quelle che auanzauano, se l'anno era stato lor prospero ò infelice. Questa impresa fu bella e domandandomene esso il mio parere, gli dissi, ch'era bellissima, ma alquanto preternaturale; perche l'vrne de gli antichi soleuano essere ò di terra ò di metallo; e perciò non si poteua figurare, che dentro vi fussero molte nere, e vna sola bianca, per non poter essere trasparente. All'hora egli vrbanissimamente rispose; egli è vero quel, che dite; ma à quel tempo l'vrna mia fu di vetro grosso, per loquale poteuano molto bene trasparere dette pietruzze. E così con gran riso gittammo il motto e l'arguta risposta in burla.*

※

Fece

DI M. GIOVIO.

Fece vna bella impresa M. Lodouico, Ariosto, facendo il vaso delle pecchie, allequali l'ingrato villano vi fa il fumo e le amazza per cauare il mele e la cera, col motto di sopra, che diceua; PRO BONO MALVM; Volendo forse, che s'intendesse com'egli era stato mal trattato da qualche suo padrone; come si caua dalle sue Satire.

Erasmo Roterodamo, nato nell'estrema Isola d'Holanda, all'età nostra fu sì ricco di dottrina, & hebbe sì fecondo ingegno, che auanzò ogn'altro letterato, come si vede per l'infinite sue opere; per la quale autorità di dottrina portò per impresa vn termine di significato alquanto altiero; volendo inferire, che non cedeua à nessun'altro scrittore, come anche il Dio termine non volse cedere à Gioue in Capitolio, come scriue Varrone, & il suo motto fu questo; VEL IOVI CEDERE NESCIT. Fù Erasmo amicissimo di Thomaso Moro Inglese, huomo di pari celebrità d'ingegno, alqual domandando Erasmo, qual sentenza gli pareua, che stesse bene da metter sopra la porta dello studio ò scrittoio

suc:

suo; *argutamente rispose*, *che vi sarebbe propriamente conuenuta l'imagine d'Apelle*, *il quale dipingesse. E marauigliandosi di ciò Erasmo, replicò il Moro; perche nò? poi che esso Apelle disse*, NVLLA DIES SINE LINEA. *Il qual precetto è da voi molto bene osseruato, poi che scriuendo fate stupire il mondo delle vostre innumerabili opere.*

Portà anchora il dottissimo M. Andrea Alciato, nouellamente passato à miglior vita, il Caduceo di Mercurio col corno della douitia della Capra Amalthea; volendo significare, che con la copia delle dottrine e con la facultà delle buone lettere, delle quali si figura padron Mercurio, haueua acquistato degno premio alle sue fattiche; ma in vero questa
bella

bella impresa haueua bisogno d'vn'anima, e frizzante.

DOM. E voi Mons. che valete quel, che valete, e sarete forse stimato più dopò morte, che hora, perche con la morte vostra estinguerete l'inuidia, e la vera gloria viene à chi la merita dopò la morte; portaste mai nessuna impresa, che habbia corpo? percioche assai hauete detto sopra dell'anima, che voi portate senza soggetto del FATO PRVDENTIA MINOR; come si vede e nelle case vostre, e nel Museo, & in ogni apparato d'ornamento vostro di casa. GIO. Certo io hò desiderato molto trouarne il soggetto, che habbia del buono, ma non l'hò mai trouato, anchor ch'io habbia conosciuto per pruoua, ch'el motto
è più

è più che verissimo. E per chi pensa con ogni diligenza mondana trouare schermo alla fortuna, che viene dal cielo; che così vuole intendere il Fato; che non è altro, che la volontà diuina; laquale hà più forza che la virtù e solertia humana, s'inganna molto. È ben vero, che in mia giouentù essendo io preso d'amore in Pauia, fui necessitato per non far peggio, à prendere vn partito dannoso per saluar la vita; e volendo mostrar la necessità, che mi sforzò, feci quell'animale, che in Latino si chiama Fiber ponticus, e Castore in volgare; il quale per fuggire dalle mani de' cacciatori, conoscendo d'esser perseguitato per conto de' testicoli, che hanno molta virtù in medecina, da se stesso non potendo fuggire se gli caua co' denti, e gli lascia a' cacciatori, come narra Giouenale, con vn motto di sopra, che diceua in Greco; ANAΓKI. che vuol dire necessità; alla quale (si come scriue Luciano) vbidiscono gli huomini e gli Dei.

Vltima

Vltimamente hò fatto vn'impresa à richiesta di M. Camillo Giordani Iureconsulto: dicendo egli, che staua nell'animo suo ambiguo e sospeso di prendere vn certo partito, e che per risoluersene aspettaua il parere e consulto dall'oracolo. E così feci la Sfinge degli Egittij, che suole interpretar gli enigmi e le cose abstruse col tempo, ilquale è significato per vn serpente, che s'inghiottisce la coda col motto, che dice;
INCERTA ANIMI DECRETA RESOLVET.

Hanne

DI M. GIOVIO.

Hanne similmente fatta vna per se medesimo il
mio nipote, e coaiutore M. Giulio Giouio, con laquale
s'inaugura accrescimento, come merita il suo letterato ingegno, figurando vn'albero innestato con vn
motto Tedesco, che dice, VVAN GOT VVIL;
che vuol dire, quando Dio vorrà, questo mio nesto apprendera
e fiorirà.

DOM.

DOM. *Se non fosse presuntione, io vi direi Monsignore, una ch'io hò fatta per me anchor che l'imprese si conuengano à persone di maggior pregio, che non sono io.* GIO. *E perche non istanno elleno bene à voi? ditela pure sicuramente, che insino adhora vi assoluo da ogni biasimo di presuntione, che perciò ne potreste incorrere.* DOM. *Assicurato dunque dall' autorità e fauor vostro, dico, che volend'io significare un mio concetto assai modesto, ho fatto questa impresa; & è, che non potend'io stare nella patria mia Piacenza con quella tranquillità e contentezza d'animo, ch'io vorrei, mi hò eletto per seconda patria questa floridissima Fiorenza; ou'io spero prosperare sotto questo liberale & giudicioso Prencipe. E*

così

così hò figurato un'albero di Pesco carico di frutti, il quale albero non hà felicità nel suo terren natio; ma trapiantato poi in terren lontano e fertile, prende felice miglioraméto con un motto, che dice; TRANS-LATA PROFICIT ARBOS.

GIO. Questa vostra impresa, Domenichi mio, anchor che sia ingeniosa & discreta, mi dispiace per due conti. DOM. Di gratia Monf. siate contento dire perche. GIO. L'uno è, perche se ben mi ricorda, ella è gia stata inuentione di M. Andrea Alciato negli emblemi suoi; l'altro, perche non conuien molto à voi, che già non siete voi pianta velenosa e tale, che non haueste potuto, volendo far ancho frutto nel vostro natio terreno; sì che, se farete à mio senno, ve ne prouederete d'un' altra, che più vi si cōfaccia. DOM. Horsù dunque hauendo voi fatte tante imprese ad altri, non mi volete esser cortese d'una delle vostre viuissime & argute? Perche in verità nè anch'io mi sodisfaccio molto della mia del pesco. GIO. Si veramēte voglio, e non già per pagare con sì poca cosa la gran fatica, che durate nel tradurre le mie historie. E sarà forse questa più conueniente all'honorato proposito vostro, perche nell'adoperarui voi tanto con l'ingegno nelle buone lettere, voi vi rassomiglierete al Vomero dell'aratro, il quale per lo lungo uso diuenta lustro e forbito, come se fusse d'argento; e però farete un vomero con un motto, che dice: LONGO SPLENDESCIT IN VSV. DOM. Veramente ch'io mi affatico volentieri, e son tuttauia per esercitarmi fin ch'io viuo, con isperanza d'acquistar qualche splendor di fama; & in questo almeno imiterò v.s. che col cōtinuo studio s'è fatta immortale, laqual cosa non succede però à molti.

Portò

DI M. GIOVIO.   163

Però ancora il Caualier Castellino di Beccaria, il quale è il vero honore della generosa hospitalità & eleganza di tutta la Valtelina, vna impresa più commoda al suo proposito honestissimo, che scielta di vaga figuratione. Amando esso vna signora vergine con disegno di pigliarla per moglie, pose in vna megdaglia d'oro, & in vn cameo la testa del Rè Dauid, col detto del suo salmo, SAGITTAE TVAE INFIXAE SVNT MIHI. E pel rouescio l'ardente monte d'Etna, per significare ardor naturale e legittimo di puro amore, col motto attorno in tergo, che diceua; COSI ARVFFA IL VELLO DI MONELLO. E questa fu inuentione del bell'ingegno di M. Luigi Raimondi.

DOM. *Haureste voi, Monſ. da raccontarmi più qualch'altra bella impreſa, perche io non vorrei già, che questa festa così tosto finiſſe.* GIO. *Veramente non me ne ſouuiene più neſſuna, laquale habbia del buono, nè voglio (com'io ſono vſato di dire) guaſtar la coda al fagiano, accozzando corniole con rubini, plaſme con iſmeraldi, e berilli con diamanti; e ben vi deurebbon baſtar queste ch'io v'hò raccontate, e douete ancho hauer compaſſione all'età mia, nella quale la memoria ſuol patir difetto; anchor che fino adhora (la Dio gratia) io non lo ſenta.* DOM. *Io confeſſo Monſ. che voi haueta fatto più del douere, e sò che chi vedrà in iſcritto quel, che voi di questa materia hauete*

ragiona

ragionato, dirà, che ve ne sono infinite d'altre belle; ma voi potrete scusarui e dire, sì come hauete detto nel libro de gli Elogij de gli huomini famosi in arme frescamente publicato; che, se pure se ne sono tralasciate, ciò non è stato colpa vostra; ma per difetto di non hauer ritrouato i ritratti veri in gran parte, per cagione di chi non s'è curato di mandargli al Museo, à quella bella compagnia di tanti Heroi. E già m'è capitato alle mani vn Romagnuolo, il qual si lamenta, che nè gli Elogij non hà ritrouato il Caualier dalla Volpe, il qual fu sì gran valent'huomo al seruigio di San Marco per honor d'Italia; ma io l'hò consolato, dicendogli, che io era certo, che'l Signor Caualiere non s'haueua fatto ritrarre per essere alquanto difforme di volto, essendogli stato honoramente cauato vn'occhio in battaglia; e che gli haurei procurato ricompensa in questo trattato delle imprese: Lo domandai adunque se egli haueua portato alcuna impresa: Come, disse egli? non si sà, ch'ei portaua vna braua Volpe, che mostraua i denti nella bandiera con vn motto, che diceua; SIMVL ASTV ET DENTIBVS VTOR. Volendo dire, che non bisognaua scherzar seco, perche ei si sarebbe difeso in tutti i modi. GIOVIO. Il Caualier fu valente e vigilante, e nell'historia nostra non passa senza lode: e per questo il Senato Vinitiano gli fece dopò

L 3

morte vna bella statua di legno dorata in Santa Maria in Vinegia.

Io non vò gia tacerui per l'vltima impresa di Giouanni Chiucchera Albanese, chiamato il Caualier famoso sulle guerre, il quale ne portò vna faceta e ridicola à chi la miraua, simile alla predetta. Portò costui nella sua bandiera, per mostrare l'ardita natura sua valorosa, nell' esercitio del caual leggiere, vn feroce Lupo, che haueua nelle gambe vna pecora presa, e meza sanguinata nel collo in atto con la testa riuolta à dietro verso due grossi cani di pastori, che lo seguono per torgli la preda, de'quali due l'vno il piu vicino voltaua anch'egli la testa la testa in dietro à vedere, se gli altri cani veniuano à soccorrerlo, temendo d'assaltare sì terribil nimico. E M. Giouan-Antonio Mugettola gli fece questo motto Latino, PAVENT OVES, TIMENT CANES, INTRLPIDVS MANEO. Di questa impresa molto si mottegiaua e rideua il Signor Marchese del Vasto, veggendola spiegata, ma à dire il vero della bossola de' condottieri ce ne son tanti, che affogherebbono ogni diligente e laborioso scrittore, il quale pensasse di voler fermarsi in ogni passo, doue apparisca qualche valore & prodezza di famoso soldato.

LE
IMPRESE HE-
ROICHE ET MO-
RALI RITROVATE DA
M. Gabriello Symeoni
Fiorentino,

Al gran Conestabile di Francia.

IMPRESA DELL'AVTORE.

ΕΥΔΟΚΙΑΣ.

ALL'ILLVSTRIS-
SIMO ET ECCELLENTIS-
simo Signore Anna Duca di Montmorency Gran
Conestabile di Francia, Gabriello Symeoni Solute e longa vita.

A natura della Palma, Eccellentissimo Signor mio, è tale, che quanto più sono i suoi rami aggrauati, tanto più s'alzano in luogo d'abbassarse; onde nacque que gliantichi (come io credo) figurarono la vittoria con la palma. Hora cosi hò io ferma speranza, che auenir debbia di vostra Eccellenza, la bontà, fideltà, e sopr'humano intelletto della quale (anchor che prima fusse assai conosciuto) risplenderà per l'auenire anchora si forte, ch'el Mondo sarà forzato à confessare douersele necessariamente e meritamente per salute della Republica, & honore del Prencipe, l'honorato e graue peso di tutte le faccende del Regno di Francia: della quale doppia fortuna

L 5

volendomi anchor' io con gli altri rallegrare, & in questa allegrezza fare à vostra Eccellenza (secondo l'antico costume de Persi) qualche conueneuole presente, non hò saputo scegliere fra tutti i miei Tesori, assai più naturali, che fortunati, altra gioia maggiore, nè più degna di lei, che alcune mie imprese heroiche e morali, tra le quali trouerà vostra Eccellenza la sua degnamente collocata. Pregola adunque che presa in grado la mia buona volontà, le piaccia ricordarsi e fare fede al Re, che il Symeoni, è già emerito seruitore di due Corone di Francia.
Di Lyone, el dì 15.
di Maggio
1559.

ΕΥΔΟΚΙΑΣ.

LE

LE IMPRESE HE-
ROICHE ET MORALI DI
M. GABRIELLO SYMBO-
NI FIORENTINO.

Al gran Conestabile di Francia.

Criue Santo Agostino, che non è cosa più difficile in questo mondo, che potere conoscere i disegni, pensieri e spirito dell' huomo; con ciò sia che bene spesso una persona sarà giudicata per gli accidenti esteriori pia, pacifica e quieta, la quale non dimeno nel segreto del cuore sarà crudele, desiderando la guerra e le dissensioni. Vn'altro si mostrera tutto cattolico e pieno di religione, e tutta volta può essere, o che egli sia heretico, o del tutto Atheista, ciò che l'uno e l'altro huomo dissimula per qualche suo disegno, o di peruenire dissimulando à qualche maggiore grado, o per timore de beni e della vita, come si vede che à i nostri tempi hanno fatto e fanno alcuni, da quali molti Pontefici & altri Prencipi secolari, credendo loro, sono stati ingannati, non altrimenti, che anticamente ingannassino
Tiberio

Tiberio e Nerone il Senato e popolo Romano, celando le loro sceleratezze sino à tanto ch'essi furono giudicati degni dell'Imperio, benche anchora le più volte interuiene, che così fatti huomini crudeli & senza Diò, sogliono fare mala fine. Vn'altro huomo sarà similmente giudicato splendido e liberale per hauer sempre la sua casa aperta, e la tauola apparecchiata per tutti coloro, che vi si vorranno ritrouare, e non dimeno costui segretamente sarà meccanico, auaro & indiscreto: i quali vitij gli fa dissimular l'ambitione, & il desiderio d'essere stimato qualche cosa, e reputato generoso da coloro, che non conoscono in lui virtù nè merito alcuno. In somma, Colui veramente si potrà chiamare huomo rarissimo & accōpagnato dalla gratia di Dio, il quale nella sua pouertà e giouanezza essendo viuuto d'Angelo, col tempo diuenuto più ricco non diueuterà tristo, superbo, & ingrato più che l'istesso Diauolo dell'Inferno. Per conoscere adunque questa così difficile natura e pericolosa dissimulatione dell'huomo, à me pare che ci siano tra molte altre due vie: l'vna di por mente al suo habito, e l'altra considerare le sue imprese, conciò sia ch'io non posso credere che vn' huomo habbia il cuore vile, il quale si diletta non tanto de i ricchi, quanto de i vestimenti puliti e bene appropriati, si come facilmente si conosceranno i suoi disegni per l'imprese & inuentioni ch'egli

vserà

vserà di mano in mano, cercando ogniuno naturalmente di dimostrare, e vederſi innanzi l'effetto di quello, che egli hà nel cuore, come fece Ottauiano Imperadore, il quale volendo che ogniuno conoſceſſe la temperanza e modeſtia del ſuo animo, e com' egli non ſi precipitaua (coſa bruttiſſima in vn Prencipe e pericoloſa per coloro che hanno à far ſeco) nelle prime informationi, fece ſcolpire in vn roueſcio d'vna medaglia d'oro, vna Farfalla di ſopra à vn Granchio, quaſi dicendo, FESTINA LENTE. riſpetto alla tardezza del Granchio, & alla velocità della Farfalla, i quali due eſtremi fanno vn mezzo temperato, neceſſario ad ogni Precipe buono che nõ ſi diletta di far torto à perſona. Dopò queſta vsò nel ſuo ſuggello vna Sfinge; volendo ſignificare ch'egli era huomo pronto e riſoluto per dar luce à tutte le coſe dubbioſe & oſcure, la quale impreſa laſciata dipoi che egli leuate tutte le difficultà dell'Imperio, vsò l'imagine d'Aleſſandro Magno; moſtrando tacitamente, ch' ei non haueua penſieri ne diſegni inferiori à i ſuoi circa alla Monarchia, alla quale finalmente peruenuto non vsò altra effigie che la ſua, ſignificando ch' egli era ſolo, nè Principe alcuno altro ſimile, o maggiore di lui.

AVGV

174 LE IMPRESE DEL AVGVSTO.

Di questa medesima natura fu Tito figliuolo di Vespasiano, laquale volendo anch'egli manifestare, in luogo del Granchio e della Farfalla tolse per impresa vn' Anchora con vn Delfino intorno, facendo vna figura moderata della velocità di questo, e della grauezza di quell'altra, nel modo che noi veggiamo dinanzi à i libri d'Aldo.

TITO.

S. GAB. SYMEONI. 175
TITO.

PEL

LE IMPRESE DEL PEL RE DELFINO.

Seguitando adunque il mio proposito, m'è parso di metter qui una nuoua impresa, che non conuerrebbe male al Re Delfino. Questo sarebbe un Delfino istesso, sopra le spalle del quale riposerebbe un globo della terra fermato da uno Anello con un Diamante (antica impresa dalla casa de Medici) e da una Luna (impresa di suo Padre) del mezzo della quale uscirebbono due rami, uno di Palma per la vittoria, e l'altro d'Vliuo per la pace auenire, con queste parole fuori della bocca del Delfino, PACATVM IPSE REGAM AVITIS VIRTVTIBVS ORBEM, mostrando così la sua origine di padre e di madre, abbracciando l'imprese dell'uno

e de

e de l'altra, significando pel Diamante la sua virtù e forza inespugnabile nel Mondo, figurato pel globo, nel modo che lo dipinsero gliantichi Romani nelle loro medaglie.

PER LA REINA DI FRANCIA.

Da poi ch'io sono entrato nelle lodi e meriti delle persone, se io deliberassi di fare vn'impresa per la Reina Christianissima di Francia, certo che non potrei trouare la più bella & à tanta Maestà conueneuole, che la dipintura d'vna stella nel mezzo d'vn serpente coronato, che si mordesse la coda, con queste parole, FATO PRVDENTIA MAIOR. significando, che quantunque le stelle hauessino nel princi-

pio eletta questa Prencipessa per essere Figliuola di così gran padre e madre illustri, come furono il Duca d'Vrbino & Madama da Bologna, Nipote d'vn sì gran Pontefice, qual fu Clemente VII. Moglie d'vn sì generoso & inuitto Rè, come è Arrigo II. Rè di Francia, e madre di tanti begli e reali figliuoli, tutta volta la sua prudenza accópagnata da vna incomparabile modestia, da vna estrema patienza, da vna inuitta honestà, s'è così ben gouernata col tempo, che sua Maestà è hoggi amata, pregiata e riuerita più che altra Reina fosse mai in Francia.

Per la Reina di Nauarra, e Madama
Margherita di Valois.

Non

Non volendo dimenticare due Margherite: l'vna delle quali è stata la vecchia Reina di Nauarra, e l'altra Madama Margherita veramente, degnissima figliuola e sorella di Rè, io dico, che riguardando al bello ingegno & vniuersale dottrina d'amendue, io non saprei trouar più bella impresa, che far dipingere vn Giglio, del quale vscissero due Fiori di Girasole incoronati con queste parole, MIRANDVM NATVRAE OPVS.

Pel Re, e Reina di Nauarra.

☞ E perche non par ragioneuole dopù la madre di tacere ò lasciare in dietro la figliuola, nè vn si liberale e splendido Prencipe come Antonio di Borbone nuouo Rè di Nauarra, io hò voluto per vn Diamante figurare qui l'inuitto amore e virtù d'amendue, e per la Luna col Sole lo splendore de lor fatti, con la scambieuole beniuolenza e sempiterno amore, che si porteranno l'uno all'altro, accompagnate da queste parole, SIMVL ET SEMPER.

Anna Duca di Montmorensi Conestabile di Francia.

Quanto l'impresa del Duca di Borbone Conestabile di Francia, fu trouata altiera, tanto più modesta e ragioneuole è stata giudicata la vostra (Il lustrissimo Signor mio) da chi hà buon giudicio. Conciosia che volendo mostrar d'hauer sempre bene e fidel e fidelmente seruito (come è vero) due Rè di Francia, l'vn padre, e l'altro figliuolo nella pace e nella guerra, scriuete all'intorno d'vna spada questo motto Greco ΑΓΛΑΝΟΣ, ciò è, senza inganno, e senza fraude, si come in più luoghi si vede ne vostri bellissimi Palagi d'intorno à Parigi.

PER MONSIGNOR DI GVISA.

Io sono naturalmente tanto grande amatore della virtù de glihuomini, ch'io non posso nasconder nè tacere il bene, che si debbe dire de fatti loro: perche hauendo sempre innanzi à gliocchi l'ardita sauiezza di Monsignor di Guisa, non hò voluto mancar di honorare anco lui con vna impresa, laquale è d'vna

Rotella coronata, del mezzo della quale esce una spada accompagnata da queste parole, PERIMIT ET TVETVR. volendo significare ch'egli è buon Capitano e Caualiero in tutti i modi per guardare, e pigliare una Terra, e vincere i nimici alla Campagna.

DVCHESSA DI VALENTINOIS.

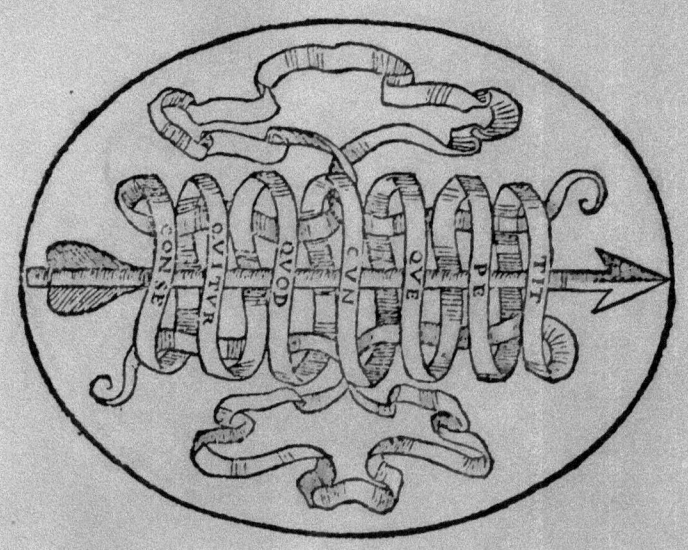

Ricordandomi tra molte altre imprese di Madama la Duchessa di Valentinois, hauerne in più luoghi del suo ricchissimo e delitioso Palagio d'Anet in Normandia veduta una, la quale è un Dardo con un brieue intorno, che dice, CONSEQVITVR QVODCVNQVE PETIT. l'hò trouata assai

assai belli, attribuendosi il dardo per Diana, che è il suo proprio nome, & pel motto significando, che la sua felicità è stata così grande, ch'ella non desiderò, nè domandò mai cosa, che le fosse negata.

PER VN GRAN SIGNORE.

Vn gran Signore mi domandò vn giorno vna impresa, per la quale ei potesse fare intendere al Mondo, che egli haueua gran desiderio, e cercaua tutti i modi di diuentare maggiore: perche io gli feci dipingere vn'Imperatore armato e vestito à l'antica sopra vn Mondo con vn libro in vna mano, e nell'altra vna spada con queste parole, EX VTROQVE CAESAR. volendo significare, che per mezzo delle lettere e dell'armi acquistò Giulio Cesare l'Imperio e'l Dominio di tutta la terra.

PRENCIPE DI MELFI.

Nel tempo che'l Signor Prencipe di Melfi era Generale pel Rè in Piamõte (della bontà, giustitia e modestia del quale sarà sempre ricordeuole quel paese) mi ricordo hauer visto intorno al suo Lione Azurro per impresa così fatte parole, SOLATVR CONSCIENTIA ET FINIS. volendo perciò significare che, tutto ch'ei fosse pouero signore fuor del suo stato, viueua nõ dimeno cõtento, sappiendo nella sua cõscienza nõ hauere errato, e che dopò la morte non gli mãcherebbe la misericordia di Dio.

Vn'huo

Vn'huomo ingiustamente offeso.

Io conosco certi pazzi, i quali assicurandosi troppo sulle richezze e credito, ch'essi hanno, non fan conto d'ingiuriar di fatti e di parole, nè d'assassinare vn pouer'huomo, stimando che per hauer mancamento di danari, di fauori, di parenti, e d'amici, ei non haurà mai commodità nè modo di vendicarsi, anzi par lor ragioneuole, ch' egli habbia subito à dimenticar l'offesa riceuuta. Ma quanto così fatti tiranni (questo è il lor proprio nomè) siano ingannati dalla loro sciocca & ignorante opinione, l'occasione & il tempo lo mostra poi loro, verificando la presente impresa, la quale è vn'huomo à sedere, che con vno scarpello intaglia in vna tauola

di marmo così fatte parole, SCRIBIT IN MARMORE LAESVS.

PER VN' AMICO INNAMORATO.

Vn Gentil'huomo amico mio mi ricercò di ritrouargli vn'impresa d'amore, ond'io gli feci disegnare vna Farfalla intorno à vna Cãdela accesa con queste parole, COSI TROPPO PIACER CONDVCE A MORTE. seguendo la natura di cosi semplice animale, che i Greci dall'amar naturalmente il fuoco han chiamato πυραυστης, auuertendo che'l senso di questa impresa può essere inteso doppiamente, conciò sia che appropriandolo al corpo, ei non è dubbio alcuno (secondo Platone) che
vno

vno innamorato è morto in se stesso, viuendo il suo pensiero (che è la propria vita dell'anima) intorno alla cosa amata. Onde il detto Filosofo soleua dire quand'ei trouaua vn'innamorato, COLVI VIVE IN VN' ALTRO CORPO. Ma attribuendo moralmente quest'amore all'anima, egli è certissimo che mentre che l'huom si deletta intorno à vna bellezza corporale (figurata qui da me per lo splendore della Candela) dimenticando bene spesso il Creator per la creatura, e cadendo in qualche scandolo, vengono finalmente à perdere il corpo e l'anima. Il che accade ordinariamente à certi ricchi sciocchi innamorati, che volendo parlar di amore non sanno in qual parte del corpo eglino s'habbian la testa.

188 LE IMPRESE DEL VN' AMICO FINTO.

Ei si trouano molte volte de gli huomini i quali à vdirli parlare, promettere, offerire e conuitare gli huomini in casa loro, par che siano e debbino veramente esser buoni amici: ma non dimeno sono amici finti; che per venire à qualche lor disegno, ò trarre qualche vtile e commodità di coloro, che sono da loro così carezzati, fanno questo: laquale per certo non è vera amicitia, ond'eglino non si posson ragioneuolmente dolere, se conosciuta la lor malitia, si trouano qualche volta ingannati, e quadra molto bene per loro questa impresa, d'vn' huomo mascherato, significando l'amicitia finta, al quale vn' altro dà vna bastonata sul viso; con queste parole;

parole, AMICO FICTO NVLLA FIT INIVRIA.

D'VN HVOMO QVERELOSO.

Vn'altra specie d'huomini sono al mondo, che piglian grandissimo piacere di cercar le quistioni, quantunque altri non cerchi se non viuere in pace, sino à tanto che riscontrando vn più brauo di loro, trouano chi rompe lor la testa, onde meritano doppio biasmo, e di seruirsi d'vna simile impresa, che è, vn' huomo, che con la punta d'vna spada stuzzica vn monte di carboni accesi, i quali sfauillando l'acciecano d'vn occhio, con questa sentenza cauata tra molte altre di Pitagora. IGNIS GLADIO NON FODIENDVS.

VN' HVOMO SENZA RAGIONE.

Il medesimo Filosofo con vn'altra sua sentenza mi porge occasione di formare vn'altra bella impresa per coloro, che cercan cose difficili & fuor di ragione, di modo che non hauendo riguardo à ordine nè à misura alcuna, capitano alla fine male, e si rompono nel mezzo come vna stadera, quando ella è carica più di quello, che la sua misura non porta, e le parole son tali, STATE-RAE ORDO NON TRAN-SILIENDVS.

VN MERITO RVBATO.

Hor s'io voleßi fare vn'impresa per vno ò due buon compagni, vò dir braui soldati, che sotto la condotta di qualche fauorito più tosto, che sufficiente Generale, haueßin meritato qualche lode, e non dimeno tutto l'honore (come occorre speßo) fosse attribuito al Capitano, certo che io non farei ritrarre altro, che due Buoi attaccati all'aratro, con vn mezzo di que sei versi, che già fece Virgilio, dicendo: SIC
VOS NON
VOBIS

BENE

BENE MERITATO PER VIRTV.

Et al contrario volendo farne vn'altra per vno ardito, sauio, liberale e (benche hoggidì pochi sene trouino) discreto e giusto Capitano, che fosse diuenuto grande senz'alcun fauore per la sua virtù, come han fatto alcuni al tempo nostro, io non farei altro disegnare, che due ò tre caualli, che corressino vn dono, con vno innanzi à tutti voto e solo, gli altri sferzati (come vsano i fanciulli, che corrono à Roma ò à Firenze il Palio à imitatione de gli antichi giuochi Circesi vsati da' Romani) restassino à dietro con queste parole, SOLVS PRO-
MERITVS.

CESARE BORGIA.

Il Signor Cesare Borgia altrimenti detto il Duca Valentino, volendo dimostrare al Mondo che egli haueua grand'animo e desiderio di fare ò qualche atto notabile, ò presto capitar male, imitando i gloriosi & animosi fatti di Giulio Cesare, soleua portare vn così fatto motto per impresa, AVT CAESAR AVT NIHIL, senz'altra figura: la onde m'è parso molto à proposito, il far dipingere vno huomo armato con vn globo terrestre in vna mano, per significar la Monarchia di Cesare, e nell'altra vn ruotolo tutto pieno d'o o o, la qual lettera per se sola nulla tra i numeri significa, come fa essendo accompagnata da vn'altro numero. Ma il miglior fu,

che questo pouer' huomo priuo di consiglio e di ceruello, si trouò alla fine NIHIL, com' hauea già
detto:conciosia ch'ei fu amazzato à Nauarra,e fat-
toli vn tale Epitaphio,
    Borgia Cæsar eram, factis & nomine Cæsar,
    Aut nihil, aut Cæsar dixit: vtrunque fuit.

MADAMA BONA DI SAVOIA.

Madama Bona di Sauoia madre del Duca
Giangaleazzo, trouandosi priua del marito, fece
scolpire nelle sue monete vna Fenice con queste parole, SOLA FACTA SOLVM DEVM SE-
QVOR. Volendo significare, che come non si truoua al

ua al mondo che una sola Fenice, così ella rimasa
sola non voleua più amare se non un solo Iddio per
viuere poi eternamente.

RENATO RE DI SICILIA.

Disiderando Renato Rè di Sicilia ch'ei si vedesse
ch'egli speraua à poco à poco diuentare anchor più
gran Rè, ch'ei non era, e di venir pian piano al diso
pra delle sue faccende, fece fare una impresa d'un
Bue con le sue arme al collo con queste parole, PAS
A PAS. valendo per ciò significare, che se
bene il Bue camina lentamente, non è
però, che col tempo non si troui ben lunge.

LE IMPRESE DEL
Vn fidele amico, o seruitore.

Vn'altro volendo mostrare ch'egli era stato fidel
seruitore al suo Padrone, e per tal mezzo diuen-
tato ricco, fece vn'impresa di due mani, le quali se
toccauano insieme stringendo vn Corno di
Douitia con queste parole, DI-
TAT SERVATA
FIDES.

VIRTV

VIRTV OPPRESSA.

Et vn' altro pouero virtuoso perseguitato per la sua bontà e modestia (come son quasi tutti dall'inuidia e poco manco che comune arroganza de gli huomini, volendo mostrare, che quanto più l'huomo cercaua di darli fastidio, tanto più il suo buono ingegno si manifestaua; pigliò per impresa vn'huomo, che co piedi calcaua vna pianta d'Agrestini, chiamata d'Apothecarij Acetosa, da Romani Rumice, da Greci ὀξαλίδα, e da i Francesi Ozeille, con queste parole, VIRESCIT VVLNERE VIRTVS. imitando la natura di tal' herba, la quale diuēta più grande e più verde, quanto più è co piedi calpestata. Di così fatta impresa si seruì similmente à nostri tempi M. Antonio da Prato gran Cancelliere e Legato di Francia.

VN' AMICO INNAMORATO.

Vn'altr' Amico mi contò vn giorno d'vna impresa, che vn'innamorato haueua fatta per vna sua Dama, la quale era, volendo mostrare che'l suo male era senza rimedio, vn Ceruio ferito d'vna freccia con vna herba in bocca chiamata Dittamo, che nasce abondantemente nell' Isola di Candia, con la quale il Ceruio mangiandola si guarisce, e le parole dell' impresa eran tali, ESTO TIENE SV REMEDIO Y NON YO. imitando in questo quel verso d'Ouidio nelle Metamorfosi in persona

sona di Febo per amor di Dafne, quando ei dice:
Hei mihi quòd nullis amor est medicabilis herbis.

CONSALVO FERNANDO.

Consaluo Fernando nell'vltime guerre di Napoli
si mostrò non men valoroso, che astuto & ingenio-
so Capitano. Percioche volendo che la gente sappes-
se come'l suo ingegno & astutia gli giouaua assai,
fece dipingere vna di quelle lieue fatte à corde, che
senz' alcuna fatica aiutano à caricar le più
forti balestre, con queste parole, IN-
GENIVM SVPERAT
VIRES.

LE IMPRESE DEL SIGNOR DI SANVALIERE.

Nella giornata de Suizzeri, rotti presso à Milano dal Rè Francesco, Monsignor di San Valiere il Vecchio, padre di Madama la Duchessa di Valentinoys, e Capitano di cento Gentil'huomini della Casa del Rè, portò vno Stendardo, nel quale era dipinto vn torchio acceso con la testa in giù, sulla quale colaua tanta cera, che quasi lo spegneua, con queste parole, QVI ME ALIT, ME EXTINGVIT. imitando l'impresa del Rè suo Padrone: cioè, NVTRISCO ET EXTINGVO. È la natura della cera, laquale è cagione che'l torchio abbrucia stando ritto, che col capo in giù si spegne: volendo per ciò significare, che come la bellezza d'vna

Donna,

Donna, che egli amaua, nutriua tutti i suoi pensieri, così lo metteua in pericolo della vita. Vedesi anchora questo stendardo nella Chiesa de Celestini in Lyone.

PATIENZA OFFESA.

Trouansi qualcheuolta de gli huomini tanto indiscreti & importuni di fatti e di parole, che non hanno alcun riguardo nell' offendere le persone pacefiche, modeste e virtuose, costringendole contro alla loro natura d'adirarsi, sdegnarsi, e diuentar nemici crudelissimi: ma quel, ch'io truouo anchor più strano è, che gli sciocchi si dogliono poi, e danno tutta la colpa e'l biasmo à quelli, che prima sono stati offesi da loro, ò padroni, ò parenti, ò amici che si siano : laqual cosa bisogna certamente dire che nasca d'vna estrema superbia & ignoranza, poi che glihuomini si persuadono ò per le lor richezze forse male acquistate, ò per qualche vana opinione d'esser più nobili de glialtri, ò per hauer fatto piacere à qualch'vno, ch'egli habbia à sopportare e pigliare in grado le loro ingiurie e la loro poca discretione: la onde ricordandom'io d'hauere vdito dire che intorno a questo fatto si vede vna bella impresa in vn marmo antico nel regno di Napoli, m'è parso di rappresentarla quì con l'altre; cioè, vn montone molestato lungamente da vn piccolo putto, che nel fine adirato lo cozza e rouescia per terra, con queste parole, FVROR FIT LAESA SAEPIVS PATIENTIA.

PER

PER CONOSCERE VN' HVOMO.

Quelli, che hanno scritto della Fisionomia, massimamente Aristotele, dicono tra molte altre cose, che la fronte dell'huomo è quella, nella quale apparisce più facilmente l'animo e la sua natura: soggiugnendo che la fronte stretta dinota l'huomo sciocco, sporco e goloso, come i porci. La troppo grande similmente significa l'huomo esser di grosso intelletto, come i buoi: vn poco lunghetta, benigno, gratioso e docile. Bassa, pusillanimo. Concaua ò troppo alta e rileuata, faceto ò buffone con vn ramo anco di pazzia. Piana, ambitioso, arrogante, & vantatore. Profonda nel mezzo, colerico bestiale. Rossa, vbbriaco e maligno. Grinzosa e crespa, melãcolico

e pen-

e pensieroso. Tenera e sdilinquita, piaceuole e che volentieri carezza la gente. Aspra e bitorzoluta, astuto, auaro è pazzo cattiuo. Pulita e tirata, assicurato e animoso nelle sue faccende. E quadra di mediocre grandezza, magnanimo, sauio e virtuoso, le quali significationi m'hanno porto materia di far la presente impresa con queste parole,
FRONS HOMINEM PRAEFERT.

VGVALITA DOPO LA MORTE.

Io veggo qualcheuolta, anzi ogni dì, alcun'huomini ricchi tanto sciocchi, che hauendo del tutto dimenticato che dopò la morte i nostri corpi infraciderannò deranno tutti à vn modo sotto terra, e nell'altro mondo noi sarem tutti vguali (come molto bene hà dimostro Luciano nel Dialogo, che ei fa di Mercurio, d'vna anima, e del teschio d'Helena) pare che i poueri putin loro, e non sian degni di guardarli in viso, onde io hò giudicato bene di fare anchora à questi la impresa loro: laquale è vno scettro legato à vna zappa con vn capo di morto di sopra con queste parole, MORS SCEPTRA LIGONIBVS AEQVANS, il quale specchio per viuer bene e lodatamente dourebbono i Prencipi hauer sempre innanzi à gliocchÿ.

DANARI

LE IMPRESE DEL DANARI MALE ACQVISTATI.

E mi fu conto vn giorno la più piaceuole facetia del mondo. Questi era vn'vsuraio, il quale hauendo posta tutta la sua speranza ne' danari, e quelli amando più, che Iddio (quasi come fan tutti, hauēdo già data l'anima al Diauolo) soleua ogni giorno ritirarsi in camera tutto solo, e pigliando e rimescolando à grosse pugnate vn gran monte di scudi, passaua in questo modo il suo tempo. Hor egli auuenne, che tra l'altre volte vna simia, la quale ei teneua ordinariamente in casa sua, s'abbattè à vederlo per vn piccolo bucco della porta. Perche andato l'vsuraio à desinare, con animo di tornare al suo porco piacere, il dabene animale entrò

entrò per vna feneſtra della camera aſſai alta, e
ſaltato ſulla tauola, e maneggiato lungamente gli
ſcudi nel modo che faceua l'vſuraio, cominciò à por-
tarli ſopra la feneſtra, e gittarli tutti nella via: della
qual coſa ſe la gente godeua, e l'vſuraio ſi diſpe-
raua, io non ne dico nulla, eſſendo aſſai occupato à
ridermi di lui e di tutti ſuoi ſimili, i quali ragu-
nano i danari e la robba bene ſpeſſo per coloro, che
non ne ſanno loro grado, ſenza altrimenti
ricordarſi di queſta bella e coſi vera ſen
tenza che dice, MALE PAR-
TA MALE DILA-
BVNTVR.

M. Matteo

M. Matteo Balbani. Richezza nobilmente spesa.

Molte fiate hò udito dire à M. Matteo Balbani Gentil'huomo Lucchese, che priega Iddio che non gli conceda richezze, se non gli dà insieme l'animo di saperſene ſeruire, giudicãdo ch'elleno ſian tanto buone e da eſſer diſiderate, quanto i poſſeſſori di eſſe ſene ſeruono honoratamente, e con giudicio ne fan partecipi coloro, che per colpa di fortuna ne hanno mancamento; maſſimamente gli amici e gli huomini da bene: il che non facendo pare al buon Gentil'huomo che le ricchezze, che non ſeruono in ſimili & altre coſe lodeuoli & honeſte, apportin piu toſto carico, biaſimo, e danno à chi le poſſiede, che lau̇de;

laude, vtile & honore. Desiderio e parole veramente degne non solo d'vn priuato Gentil'huomo, ma di qualunque Prencipe che sia, tanto più che' si sà per ogni vno, che egli accompagna le parole co' fatti, hauendo del continouo la casa piena d'huomini dotti, & alcuni altri di loro, che si trouano lontani, intrattenendo con larghissimi doni e pensioni. Perche volend'io isprimere questo sì honorato e magnanimo pensiero, m'è parso figurare vn braccio celeste, che rouescia vna tazza piena di danari sopra vn'altare, vn libro & vn'elmetto con queste parole, EX-PETENDAE OPES, VT DIGNIS LAR-GIAMVR. figurando l'altare per la bontà delle persone, il libro e l'elmetto per le virtù loro, ò nelle lettere, ò nell'armi, e la larghezza scoperta della tazza per la liberalità manifesta, ch'el buon Gentil'huomo vsa copiosamente e continouamente con tutte le persone virtuose.

VERA NOBILTA.

Quantunque io sappia che alcuni maligni commenteranno il mio dire à lor modo, e diranno che presumendomi di sapere, cerco di tirar l'acqua al mio molino, non per questo vogl'io in dispetto della loro ignoranza lasciar di seguitare il mio intento, e mostrare ch'essendo un giorno ricerco da un gran Capitano di farli un'impresa, che dichiarasse in che consiste la vera nobiltà dell'huomo, io feci disegnare uno sparuiere in pugno à un di questi Falconieri Greci, che sogliono portare à vendere ogn'anno i Falconi in Francia, con queste parole, SIC MAIORA CEDVNT. *volendo inferire, che la vera nobiltà*

consi

consiste nella virtù dell' ingegno e cuore dell'huomo, e non nell'abondanza dell'oro, e nella grandezza de gli stati e de' sangui, con l'essempio dello sparuiere, il quale benche sia più piccolo del Falcone, non dimeno per la grande generosità del suo cuore è reputato più nobile de gli altri maggior di lui, passando non solamente franco, ma francando gli altri da ogni gabella, che sono in sua compagnia.

VN'HVOMO IMPLACABILE.

Trouansi tal'hora delle persone tanto inique, crudeli, ostinate, rozze, villane e maligne (come io ne conosco alcune) che, tutto che l'huomo le prieghi, faccia loro honore, le ami, e desideri di far loro seruitio, non dimeno si mostrano sì inhumane, e scortesi, che senza hauer riguardo à virtù ò beneficij riceuuti, à parente, fratello, od amico, non perdonan giamai: nulla piace loro, ogni cosa dispregiano, e par loro essere il seicento per amor di quattro tignosi quattrini. Per che dou'io volessi anchor per questi formare vna impresa, non saprei dipingere altro, che vna morte, laquale non lascia d'ammazare vn'huomo, anchor que inginocchiato in terra le domandi perdono, con queste parole, IMPROBVS NVLLO FLECTITVR OBSEQVIO.

BENE

BENEFICIO GRATO.

Alcun'altri sono tanto indiscreti nel far piacere à vna persona, che quanto manco ella haurà bisogno di loro, tanto più le faranno carezze, offeriranno e goderanno ch'ella si troui spesso in casa loro, sperando ò disegnando (come io credo) di cauarne qualche vtile: ma se per fortuna quel tale caduto in necessità, haurà bisogno di loro, i maladetti rinegheranno Dio, vedendosi troppo spesso visitare, ò borboteteranno, ò gli rinfacieranno i passati beneficij, ò si faran di lui beffe, ò troueranno qualche magra scusa per non hauerlo in lor compagnia. Hor chi dirà questi (non dico già veri parenti, ò bno-

ni amici) ma huomini, e non più tosto animali
senza intelletto: specchiinsi adunque costoro (poiche così gran bisogno ne hanno) ogni giorno una
volta à questa impresa, fatta per un Gentil'huomo
che aiuta à leuar di terra un poueretto caduto, con
queste parole: BIS DAT, QVI TEMPESTIVE
DONAT. volendo inferire che'l beneficio è doppio
e l'obligo sempiterno, quando l'huomo è soccorso
presto nel bisogno, e senza arcuna speranza di mer-
cede.

PER GLI INGRATI.

Ei si suol dire per comun prouerbio, che nella coda
si troua il veleno, e però hò io voluto metter quì
per

per vltima impresa della ingratitudine vna simile alla Vipera, la quale ammazza il maschio, che le dà piacere, e di poi hauendo conceputo, portato e nutrito in corpo i suoi figliuoli, è parimente da quelli ammazzata. Là onde con ragione, e con molti altri si può lamentare e dire:

INGRATIS SER-
VIRE NE-
FAS.

IL FINE.

RAGIONAMENTO
DI MESSER LODO-
VICO DOME-
NICHI.

Nel quale si parla d'Imprese d'armi, e d'Amore.

Interlocutori M. Pompeo dalla Barba, M. Arnoldo Arlieno, e M. Lodouico Domenichi.

Erto belli & honorati ragionamenti debbono essere i vostri, coppia virtuosa e gentile. ARN. Noi ragionauamo hora d'assai debil suggetto; e ciò era, che'l Domenichi m'hauea mostrato vna sua medaglia, e stauamo discorrendo sopra l'industria dell'artefice, che così viuamente hà saputo rappresentarlo & in sì poco spatio. POMPEO. Digratia fatene parte anchora à me, Messer Lodouico mio. LOD. Io non posso mancarui, benche ciò sia ambitione, anzi che nò; perche le medaglie

daglie e' ritratti si conuengono à gli huomini illustri, e non alle persone oscure, si come io sono. POMPEO. Lasciamo hora il ragionare quel, che voi siate, e fatemi veder l'imagine vostra. LODOVICO. Questo è vn ritratto, che già tre anni sono, Domenico Poggini volle far di me, mosso dalla sua vera cortesia, e dall'amor, che mi porta: allaqual cosa acconsentij facilmēte, sol per nō risiutar l'honore e'l fauore fattomi da così caro e virtuoso amico: e non perche io non conoscessi (come io v'hò detto) che queste memorie si conuengono à maggiore huomo, ch'io non sono. POM. L'artificio è bellissimo, e l'impronta anchora à mio giudicio, vi somiglia per excellenza. A R. Il rouescio poi anch'egli è molto ingegnoso: cotesto vaso di fiori folgorato, col motto Greco, ΑΝΑΔΕ ΔΟΤΑΙ, ΚΑΙ ΟΥ ΚΑΙΕΙ. Perche hauete voi preso questo vaso di fiori? LO. Per la vita humana, e' fiori per le virtù e gratie donate dal Cielo: lequali com'è piaciuto à Dio, sono state fulminate e percosse, ma non arse e distrutte. Percioche sicome voi sapete, tre sorti ci sono di folgori, l'vna delle quali, per vsar le parole di Plinio, afflat, & non vrit; e questa proprio, per arrecarmi tutti i flagelli e le tribulationi da Dio, ilquale, come dice San Paolo, quos amat, hos & castigat; e perciò cō amoreuolezza paterna s'è degnato flagellarmi; m'hà fatto accorto e riconoscente de gli infiniti suoi benefici in me dispensati e della ingra-

O 5

titudine mia. AR. *Piacemi l'inuentione e'l motto: ma perche lo facefte voi Greco, e non più tofto Latino ò Toscano?* LO. *Perche io volli,ch'effe foffe intefo da alcuni, e non da tutti. E poi, fi come voi douete fapere,i motti delle imprefe s'hanno da fare in lingua differente da quella, che noi fauelliamo.* POM. *Io mi ricordo hauer letto vn Dialogo di Mons.Giouio, che ne ragiona à pieno,e parte racconta infinite imprefe militari & amorofe di diuerfi Prencipi, Capitani,& huomini priuati moderni,il qual Dialogo è veramente dotta e piaceuole lettione.* LO. *Così è come voi dite, M. Pompeo: e parmi, che d'ogni foggetto, che'l Giouio tolfe à trattare, n'habbia ragionato con dignità & eruditione; percioche oltra ch'egli era dottiffimo, e di sì profonda memoria, che tutto quello, ch'egli hauea letto, fempre fe lo ricordaua; haueua anchora tanta e fi lunga efperienza delle cofe del mondo,che non era altro piacere ch'vdirlo fauellare. Et io per me confeffo liberamente d'hauer perdutto molto nella fua morte. Sed viuit Dominus.* AR. *Hanno fcritto de gli altri anchora in quefta materia, e lodeuolmente, fi com'è ftato l'Alciato ne' fuoi Emblemi, e'l Bocchio ne' fuoi Simboli; ma oltra di loro tutto dì fi fanno nuoue imprefe; delle quali alcune meritano lode, altre fon degne di biafimo e di rifo, fecondo l'argutia, e la fciocchería de gli inuentori.* LO. *Io n'hò veduto*

à mìcà

a' miei dì molte nell'uno e l'altro genere, ma molte più goffe e ridicole, che ingegnose & argute. POM. Deh non v'incresca, Messer Lodouico contarcene parecchie dell'una e l'altra specie, che farete anco, sicom'io credo, piacere à Messer Arnoldo; ilquale non penso che sia hora punto più occupato di me. ARN. Non veramente; e quando anch'io fossi, non so dou'io potessi spender meglio un'hora, che in cosi virtuosa compagnia. Però per me non resti il Domenichi di ragionare di così piaceuole materia; che tanto ragionasse egli, quanto io starei ad ascoltarlo. LO. Gran sodisfattione hà colui, che ragiona, quando egli hà grata udienza, e massimamente di persone dotte, & honorate, sì come voi siete. Dolcissimo dunque mi sarà il fauellare, & essere volentieri udito da voi due, che per essere huomini giudiciosi e letterati, io stimo molto più, che tutto un popolo intero, doue difficilmente si potrebbe trouare una coppia simile à voi. AR. Noi vi saremo doppiamēte tenuti, poi che oltra il ragionarci di cose erudite e belle, ci honorate ancho con così degne lodi. LOD. Le lodi, ch'io v'hò date, sono di gran lunga inferiori al merito vostro: ma hora non è tempo d'entrare in così largo e profondo pelago. Però venendo all'intento mio, dico, ch'io mi ricordo hauer veduto in Fiorenza nel palazzo di M. Luca Pitti, Caualiere; il quale fu à suoi dì grandissimo cittadino,

e con

e concorrente di Cosmo vecchio de' Medici, vna impresa assai chiara senza motto; il qual motto (sicome scriue il Giouio, e voi sapete) è l'anima dell'impresa: laquale era vn pezzo d'artigliera; che con la furia della poluere e del fuoco cacciaua fuora vna palla: volendo per ciò inferire, ch'egli haurebbe cacciato le Palle fuor di Fiorenza col fuoco. P O M. Grand'animo hebbe questo caualiere, se l'opere hauessero pareggiato il suo desiderio: ma vedete ben poi, che sicome l'impresa sua non hebbe l'anima del motto, così la sua temeraria intentione fu priua d'effetto. Percioche gli successe à punto tutto'l contrario de ciò, ch'egli haueua disegnato, essendo egli costretto andare in esilio e perder la patria, laquale egli intendeua di torre ad altri. LO. Io mi ricordo hauer veduto essendo, à studio in Pauia, vna impresa della S. Hippolita Fioramonda Marchesa di Scaldasole, laquale era l'anima senza il corpo: ciò è, motto senz'impresa, nondimeno bello & artificioso, e tolto dalla sacra Scrittura, accommodandosi benißimo alla intentione di questa giudiciosa gentildonna. Era donque il motto: CAVSAM QVAERIT; Volendo col finire il rimamente della clausula, (che dice, Qui discedere vult ab amico) far conoscere al mondo la ingiuria, che l'era fatta à torto da alcuni suoi parenti. Vn'altra impresa simile à quella della Marchesa (simile dico, quanto all'essere anima senza corpo) portò la Signora Agnola de' Rossi, maritata prima al S. Vitello Vitelli,

e di poi moglie del Signor Alessandro Vitelli; e ciò fu vn motto; NON SINE QVARE; fatto da lei quando ella giudiciosamente si maritò la seconda volta. Percioch'essendo ella e giouane e bellissima anchora, sauiamente prouide all'honor suo; & oltra i primi, ch'ella hauea fatti al primo marito, di molt'altri e belli e valorosi figliuoli produsse al secondo marito. L'Impresa del S. Hermete Stampa, fratello del Conte Massimiano, quando egli era Prelato, era vna pianta d'alloro minacciata dal folgore, col motto, NEC SORTE NEC FATO; volendo à mio giudicio, mostrar, che la sua virtù non poteua essere offesa nè percossa dalla sorte, nè del fato, che, sicome scriue Plinio, e voi benissimo sapete, l'alloro non è tocco del folgore. Il detto S. Hermete n'hà poi fatta vn'altra, dapoi ch'egli è stato creato Marchese di Soncino, e ch'egli hà preso moglie; e ciò sono due alberi di Palma, il maschio e la femina; i quali non fanno frutto mai, se non sono piantati l'vno appresso all'altro. E per quel che mi pare, ha voluto in ciò mostrare la sua lodeuole intentione, e gli effetti del santissimo matrimonio: hauendo egli cō maturo giudicio lasciato l'habito ecclesiastico per propagare la sua illustrissima famiglia. ARN. Questo prudente Signore non hà egli fatto motto veruno alla sua bellissima impresa? LO D. Ben sapete, che hà; e se ben mi ricorda, dice; MVTVA FOECVNDITAS. Non
punto

punto meno ingegnosa & arguta fu la impresa del S. Conte Massimiano Stampa suo fratello, ilquale essendo innamorato della Signora Anna Morona, laquale tolse poi per moglie; portò per impresa il Verme, che fa la seta;ilquale non viue se non di foglie di Gelso moro, chiamato in Lombardia Morone: il motto suo fu, SOL DI CIO VIVO, ch'è vn mezo verso del Petrarca, e chiama dopò se, quel, che segue; E d'altro mi cal poco. POM. Questo nobilissimo Signore assai viuamente espresse la cortese intentione dell'animo suo, parendo à me, che egli non volesse inferire altro, se non che, come quello animaletto viue solo delle frondi del Gelso, così egli per all'hora si contentaua di pascersi delle foglie del suo amore, sperando di douer godere i frutti al tempo di legittimo matrimonio, sicome egli godè poi. ARN. A me pare, M. Pompeo, che voi habbiate colto à punto nel berzaglio. LOD. Così è veramente, come voi dite. Portaua il Cõte Brunoro Pietra il vecchio, la Cicogna, nel nido co' figliuoli, che le portano il vitto; sicome quegli, che ricordandosi di tanti oblighi, che hanno alla madre; pietosamente si dispongono, quãdo ella è hoggimai fatta vecchia, e che da se stessa non può più procacciarsi il mangiare: di prouedergliene essi, e di non lasciarla morir di fame: vsando gratitudine e pietà singolare verso chi gli hà ingenerati e nodriti: quel, che non fanno molti ingrati e
sconoscenti

sconoscenti figliuoli, iquali poco ricordeuoli de gli infiniti benefici riceuuti da padri, poi ch'essi sono giunti all'estrema vecchiezza, gli abbandonano d'ogni soccorso. Donógli questa impresa Massimiano Sforza Duca di Milano, ilquale essendo stato amoreuolmente aiutato & alleuato fuor di casa sua dal detto Conte Brunoro, come grato riconoscitore de' benefici à lui fatti, oltra l'impresa, lo gratificò anchora con vna grossa & honoreuole entrata: & il motto ch'egli aggiunse all'impresa, fu questo: ANTIPELARGIAM SERVA. Hebbe per sua peculiare impresa il Signor Conte Battista da Lodrone, che morì alla perdita di Casale in Monferrato, vn Tribolo col motto leggiadramente appropriato; IN VTRAQVE FORTVNA. mostrando, à mio giudicio, il valore e la costanza del nobilissimo animo suo: ilquale in qual si voglia caso di fortuna stana sempre saldo e diritto, sicome il Tribolo anchora, ilquale gettisi comunque l'huom vuole, stà di continuo con vna punta ritto verso il Cielo. POM. Questo argomento conuenne proprio à vn Caualiere honorato, com' egli, ilquale faccia professione di valor d'armi. LO. La impresa del Duca Francesco Sforza secondo di Milano, ch'egli portaua dentro alla corona Ducale, era vn ramo di Palma & vn d'Oliua, senza motto alcuno. Credo che'l suggetto sia chiarissimo da se stesso; perche l'vno significa Vittoria, e l'altro Pace.

Dopò

Dopò la morte d'Alfonso secondo d'Aragona Rè di Napoli, il quale in quei tumulti e mouimenti di guerra, che gli mosse Carlo Ottauo Rè di Francia, era stato costretto per sua difesa e del proprio regno, vsare asprezza e rigore verso i suoi sudditi, molestandogli con grauissime esattioni per far danari; ond'egli per ciò n'era incorso nell'odio vniuersale di tutti i popoli; i Napoletani leuarono per impresa vn Laccio rotto con vn motto, tolto dalla sacra scrittura; LAQVEVS CONTRITVS EST, ET NOS LIBERATI SVMVS. Intendendo, che per la morte del Rè loro eran liberati dall'aspro giogo della seruitù. L'impresa del S. Gio. Iacopo de' Medici, Marchese di Marignano, era vna naue nel mar turbato col motto pur della scrittura; CVSTODI DOMINE VIGILANTES. E senza dubbio questa pia e deuota sentenza fu molto appropriata al vigilantissimo animo di lui. Che se mai fu persona suegliata e desta nell'essercitio dell'armi & in tutte le sue attioni, tale senza dubbio è stato a' suoi giorni il Signor Marchese di Marignano: ilquale non solamēte di priuato e pouero gentil'huomo è asceso à grado di Prencipe e di generale d'eserciti col mezo della sua virtù, e col mirabile aiuto e fauore della fortuna; ma con la sua diligenza e vigilanza è riuscito virtuoso nelle giornate, e glorioso in tutte le sue imprese: lequali sono freschissime e chiare à tutto'l mondo. Et
oltra

oltra la forte, che di continuo l'hà accompagnato in vita, è morto felicissimo anchora. Perche non come molti altri Capitani di guerra stati innanzi à lui, hà finito i suoi giorni in disgratia del suo Signore, ma s'è partito dal mondo nel colmo de' fauori e della sua grandezza, lasciando di se grandissimo desiderio. Ma tornando al mio proposito, non soli i prencipi e huomini di guerra portano imprese, per esprimere i concetti de gli animi loro: ma i prelati e' signori Ecclesiastici anchora hanno già fatto, e tuttauia fanno il medesimo: sicome già fece il Cardinal vecchio di Trento, il quale portaua per impresa vn fascio d'hasticciuole ouero di legne, col motto, VNITAS. laquale inuentione è per se manifesta e chiara. Porta anchora hoggi vna vaga e bellissima impresa il successor suo e Cardinal di Trento l'Illustrissimo Monf. Christoforo Madruccio, laquale impresa è la Fenice in fuoco, col motto; PERIT VT VIVAT. degno suggetto & argomento del suo cortesissimo animo. ARN. Trouasi hoggidi tanto celebrato & illustrato questo rarissimo, anzi vnico vccello da tutti i più nobili intelletti del secol nostro, in gratia dell'honorato M. Gabriello Giolito, benemerito d'ogni spirito gentile & amator di virtù; che doue prima egli era solo in tutto'l mondo, hora se ne vedranno infiniti altri, con marauiglia della natura, che lo generò senza compagno. LOD. Il Cardinal d'Augusta Monf. Otto

P

Truchses nobilissimo Barone porta anch'egli vna honorata impresa, che è il Pelicano: il motto liberamente confesso di non saperlo, per non hauerlo veduto, nè vdito: ma si dee credere, che debba essere ingegnoso e conueniente al suo sottilissimo intelletto. L'intentione di così virtuoso & ottimo Prelato credo, che sia questa; ch'essendo la natura del Pelicano tanto pietosa & amoreuole verso i suoi figliuoli, che trouandogli morti da fiera ò d'alcun' altro vccello, col becco s'apre il proprio petto, e spruzzandogli del suo sangue, gli ritorna in vita: esso hà voluto mostrare anchora, che tale è l'amore e la carità di lui verso i suoi figliuoli spirituali commessi al gouerno di lui; che per saluezza loro volontariamente spenderebbe la propria vita: santissimo in vero e pio proponimento di pastore e prelato. Portò il S. Gasparo dal Maino Caualiere Milanese per impresa vn Ramarro, che haueua vn Diamante in bocca: perche sicome la natura di questo animale è di non lasciar mai cosa, che prenda; così voleua egli inferire, che non haurebbe mai posto fine di amar la donna, à cui seruiua, chiamata Diamāte: il motto era; IN AETERNVM. Hà questo Ramarro molte proprietà, e fra l'altre n'hà vna rarissima degna di marauiglia fra gli infiniti e mirabili effetti di natura; e questa è, che egli non và in amore, come fà ciascun' altro animale. Onde il S. Federigo Duca di Mantoua trasse

già

già vna sua argutissima impresa; che fu il Ramarro, col motto, QVOD HVIC DEEST, ME TORQVET. E ciò era l'amore della sua donna, che lo tormentaua; del quale amore quell'animale era priuo. il S. Conte Mauritio Pietra, hora dignissimo Vescouo di Vigeuano, essendo à studio à Siena, e nell'Academia de gli Suegliati prese per sopranome il Disarmato; percioche essendo egli al soldo, si disarmò, e si riuolse à gli studi delle lettere, essendo stato eletto alla dignità del Vescouato; e portò per impresa vna Chiocciola, ò vogliam dir Lumaca; laquale hauea messo il capo fuor del guscio, e così era stata ferita da vna freccia; il motto suo fu il verso del Petrarca; TROVOMMI AMOR DEL TVTTO DISARMATO: Alludendo in quel modo al suo cognome, & ancho all'impresa dell'Academia; laquale era similmente vna Chiocciola posta sopra le fiamme, che sentendo il calor del fuoco strideua. Onde quei gentilissimi spiriti e tutti serui d'amore, voleuano inferire, che per essere eglino arsi dalle fiamme amorose, eran costretti cantare, e così sfogare in versi è'n rime le loro soauissime passioni. Il motto loro era vn verso pur del Petrarca, ilquale m'è vscito di mente. Il presidente di Milano, il Signor Pietro Paolo Arrigone, dottore eccellentissimo & integerrimo, hauendo preso nobilissima & valorosa moglie, le fà portare per impresa vna Chiocciola chiusa e coperta, sicome elle sogliono stare tutto'l verno per ripararsi dal freddo. Il motto suo è; PROPRIO ALITVR SVCCO. POM. Siate contento, vi prego, M. Lodouico, di volere vscire hamai di chiocciole e di lumache; che à dirui il vero, à me non pare, ch'elle habbiano gran fatto bella apparenza; non già che l'imprese non siano ingegnose & argute, ma elle non empiono gliocchij; come par che si ricerchi all'impresa. LO. Io sò, che voi cercate, ch'io vi ragioni di qualche cosa strauagante e piaceuole; però per farui vn framesso di materie ridicole e sciocche, vi dico, ch'io mi ricordo d'hauer già veduto de' gentil'huomini, che per altro eran persone garbate e degne d'honore, i quali volendo esprimere i concetti loro, faceuano di goffissime inuentioni: tanto che mi parrebbe di far loro graue ingiuria, quando io gli nominassi. Però mi contenterò di dirui l'inuentione sola. Vno ne fu dunque tra gli altri, che volendo sforzarsi portar il nome della sua donna coperto, laquale si chiamaua Caterina; dipinse vna Catena spezzata in due parti, e nel mezo vn Rè di danari delle carte, che s'vsano per giuocare, facendo che quella figura di Rè s'intendesse per Ri, come si dice in lingua Bolognese. E'n questo modo voleua inferire, che la sua S. Caterina valeua ogni denaio. AR. Io non sò, se si potesse imaginare più sciocco trouato di questo, nè più degno di riso. LO. Adagio M. Arnoldo, che c'è assai meglio.

Vdite

Vdite questa, e poi ridete. Vn'altro gentil'huomo volendo portare il nome di Giouannella, dipinse vn Giogo e due annella e perch'egli era Lombardo, non diceua Giogo, ma Giouo: e così voleua, che questa sua ingegnosa Cifra ò trouamento, mostrasse coperto il nome della sua Signora Giouannella. Hor non vi par, che questa di gran lunga vinca la prima? A R. Parmi che questo gentil'huomo facesse vna inuentione giouanile, anzi che nò. L O. State pure à vdir questa, che non le cede di nulla. Fù non so chi, che volendo portare il nome di Barbara coperto, non fu punto più sottile nè più ingegnoso inuētore de gli altri due, ch'io v'hò contati. Anzi, se vantaggio alcun v'hebbe in gofferia, l'hebbe egli. Portò dunque questo caualiere per sua impresa vna bella e attillata barba d'huomo, & vna meza Rana; che voleua à suo modo dire Barba Ra: mettendo quella meza Rana, per Ra. P O M. Era più breue, à mio giudicio, e più degno di lui, ch'egli hauesse fatto vna Barba mesa rasa; e l'impresa sarebbe stata tutta d'vn pezzo. A R. Lasciate di gratia da parte simili sciocchezze, le quali non meritano, che se ne fauellise ragionateci più tosto di qualche honorata persona, che habbia mostro giudicio e valore. L O. Di questo non posso mancare, e tanti mi si parano à vn tempo innanzi; ch'io non sò da qual'io debba cominciar prima. E non vorrei far distintione di gradi e di persone. Però senza seruare

altrimenti ordine di tempi nè di meriti, dirò quel, che mi verrà prima à mente. Fra le molte imprese, che hà fatte e porta il S. Duca Cosimo, sicome sono il Capricorno, la Tartaruga con la Vela, e'l Falcone col Diamante, una ve n'hà anchora di bellissimo artificio e sentimento, e questa è le due Anchore attrauersate insieme, col motto; D V A B V S. A R. E quale intentione credete voi, che fosse quella di sua Eccellenza in questa impresa? L O. Io non sò, se sarà presuntione à voler mettermi à indouinare, e à penetrar ne glialtissimi concetti de' Prencipi; pur con questo proposito di non saper nulla di certo, vi dico, che à mio giudicio egli hà voluto mostrare, che egli hà fermato il felicissimo suo stato con due appoggi; tal che ragioneuolmente non hà da temer di nulla. I quali due appoggi e sostegni, s'io non m'inganno, possono essere, l'vno la gratia e cuore dell'inuittissimo Imperadore Carlo Quinto. L'altro la sicurezza delle fortezze inespugnabili del suo dominio. P O M. Potrebbono anchora le due anchore significare, l'vna la gratia e l'amor de' popoli, l'altra il timor di Dio; sche amendue sono grandissimi in lui; ilquale è non meno amato & vbidito dà suoi sudditi, di quello ch'egli teme Dio. A R N. Le rare qualità di questo ottimo & fortunatissimo Signore ricercano altro luogo e tempo. Però tornate al vostro proposito. L O D. Io ho conosciuto fra molte valorose
& hono

& honorate gentildonne in Pauia la nobilißima e virtuofißima Signora Alda Torella; laquale per mo strare la inuitta costanza dell'animo suo pudico, portaua per impresa vna Vite appoggiata à vn'Olmo; volendo per ciò far conoscere, com'ella hà meritamente fondato tutti i suoi pensieri sopra il volere del Consorte & Signor suo,e posta tutta la sua fede in lui. Il motto conueniente à sì lodeuole impresa, è questo; QVIESCIT VITIS IN VLMO. ARN. Questo m'hà fatto ricordare vna impresa dell'Alciato ne' suoi Emblemi, laquale è vna Vite fresca e viua abbracciata sopra vn'Olmo secco con vn motto; AMICITIA POST MORTEM DVRATVRA; Ilche si potrebbe appropriare à Donna valorosa e pudica, laquale sicome in vita hà di continuo amato e mantenuta fede al marito, così l'ama & honora ancho dopò morte con fermo proponimento di non douersi mai più scordar di lui e della fede promessagli. L'impresa del Signor Carlo Orsino,che morì pochi mesi sono, nella perdita di Foiano in Valdichiana, alcuni giorni prima; che si facesse la giornata di Marciano, doue il Signor Pietro Strozzi rimase rotto e fraccassato insieme con l'esercito Francese dal Marchese di Marignano; era vn pallon da vento, percosso e mandato in aria da vn valoroso e gagliardo braccio col bracciale di legno, col motto; PERCVSSVS ELEVOR: Ilqual mot-

P 4

to, sicome conueniua alla Palla percossa, così si poteua accomodare all'animo suo franco & inuitto; ilquale quanto era più trauagliato e battuto da colpi di Fortuna, tanto maggiormente s'alzaua da terra e pigliaua maggior forza. Poteuasi intendere anchora, ch'egli hauesse voluto accennare alle Palle; arme peculiar di casa de' Medici, e del Duca Cosmo suo Signore; il cui stato quanto maggior burasca e trauaglio hà hauuto da' suoi potentissimi nimici, tanto più è ito ogn'hora crescendo & auanzando in riputatione e'n grandezza. POMP. Questo secondo intelletto assai più mi piace. LOD. Io hò veduto anchora l'impresa del Signor Don Diego Hurtado di Mendozza, di quello, che gouernaua Siena al tempo ch'ella si ribellò dall'Imperadore, e s'accostò à Francia; laquale è vna stella senz'altro, col motto Spagnuolo BVENA GVIA; alludendo forse alla stella, che guidò i tre Magi, ouero volendo inferire, che tutte l'opere & attioni humane hanno buon fine, ogni volta ch'elle pigliano per guida il consenso e voler diuino. POM. Io mi marauiglio molto, come questi Signori Spagnuoli tutti, ò la maggior parte vsino di fare i motti delle loro imprese nella propria lingua. LOD. E non si può negar certo, che la lingua Spagnuola non sia bellissima e vaga, quanto alcun'altra, massimamente la Castigliana; e ch'ella non sia capace di tutti quegli ornamenti, che hà seco
la Lati

la Latina, e la Toscana; e benißimo fanno à seruirsene quei pellegrini & acuti ingegni; ma non lodo già questa loro vsanza, perche il più de glialtri, che fanno imprese, vsano farla in lingua differēte dalla lor propria: e questa vsanza è ita hoggimai tanto innanzi, ch'ella hà presa forza d'inuiolabil legge. Ma lasciamo ir gli Spagnuoli e fauelliamo de' nostri Italiani, trà quali vno è de gli honorati e virtuosi gentil'huomini, quanto alcun'altro, ch'io habbia conosciuto e pratticato à miei giorni, il Signor Alessandro Piccolomini; ilquale mi ricorda d'hauer veduto vsar per impresa vn lauro folminato dal Cielo stellato e sereno, contra la proprietà datagli da coloro, che n'hanno scritto; & il motto suo, anchor che vn poco lunghetto, erano questi due versi Toscani:

SOTTO LA FE DEL CIELO, A L'AERE CHIARO

TEMPO NON MI PAREA DA FAR RIPARO.

ARNOL. Ecco questo diuinißimo ingegno haurebbe anch'egli errato, secondo il rigore della vostra regola, nell'hauer fatto il motto della sua impresa Toscano. LO. Io non hò fatto queste regole, nè fuor che'l Giouio e'l Ruscelli dopò lui trouo alcun'altro, che n'habbia scritto e dato precetti. Però essendo egli huomo di tanta autorità, e stato il primo à scriuerne, ragioneuolmente se gli può e debbe dar fede; considerando ancho oltre di ciò l'vso comune, ilquale, sicome dicono i nostri legisti, hà forza di legge. POM. Ma però à queste regole e leggi si deurebbe anco dare qualche eccettione e fallenza, e dispensar tal' hora co' galant' huomini e co' letterati, habilitandogli à potere alcuna volta vscir dell'ordinario, come persone priuilegiate. LOD. Non sarà in tutto fuor di proposito, almeno per M. Arnoldo, ilquale non credo ch'abbia letto gran fatto libri nella nostra lingua Toscana, ch'io racconti vna impresa, che io mi ricordo hauer letto nelle nouelle di Masuccio Salernitano; laquale impresa hebbe occasione in questo modo: Haueua vn gentil giouane lungo tēpo amata e seruita vna leggiadra e bellissima donna, e di tāto era stato lor benigno e cortese amore, ch'essi haueuano veduto più d'vna volta e goduto i fiori e' frutti del lor feruentissimo amore con gran sodisfattione e contento d'amendue le parti, lequali n'erano perciò felicissime e liete. Auuenne, che à questa loro incomparabil contentezza e gioia hebbe inuidia nemica Fortuna, laquale operò in modo, che hauendo il giouane veduta à non so che festa vn' altra bellissima fanciulla, si come per lo più sogliono esser gli huomini, e massimamēte i giouani, vaghi di cose nuoue, postole gliocchij addosso ne inuaghì sì fieramente, che ne menaua smanie. Et in questo suo nuouo amore, gli fu sì fauoreuole il Cielo, che la giouane donna accortasi

del

del vagheggiar di costui, e piacendole la mercatātia, non indugiò molto à farlo degno della sua nuoua gratia. E così breuemēte essendo d'accordo le parti, lietamente peruennero al desiato fine d'amore. Ma perche gliamanti sogliono vedere e'ntendere ogni cosa, e le più volte anchora riputar vere quelle, che false sono; la donna di prima, che in questo caso non prendeua errore alcuno, accortasi d'esser stata cacciata di seggio, ne viuea malißimo contenta, e presso che disperata. Perche come persona e sauia & valorosa, non volendo scoprire il suo dolore à ogn'vno, si risolse senz'altrimenti scriuergli di voler fare à saper l'animo suo al giouane disleale & ingrato. E così fatto legare in oro vn Diamante falso con ogni maestria, sì ch'egli haurebbe ageuolmente ingannato qual si voglia persona, che non fosse stata dell'arte, gli fece fare dal lato di dentro, che tocca il dito, il motto, che disse nostro Signor Giesu Christo sulla Croce; cioè, LAMAZABATANI; e poi con molte lagrime e sospiri lo mandò à donare à colui, che l'hauea abbandonata: strettamente pregandolo, che volesse hauer pietà di lei, e renderle l'amor suo. Il giouane come che fosse persona accorta e'ntendente, e chi di prima giunta intendesse il senso del predetto motto Hebreo; non però fu capace dell'argutia, e sottigliezza dell'impresa, se non poi che hebbe mostrato l'anello à vn suo amico orafo eccellente

cellente, il quale gli fece conoscere, come la gioia era falsa. Perche aprendogli subito Amore gliocchÿ dell'intelletto, egli s'auuide à vn tratto della querela, che la misera donna gli faceua,e della manifesta ingiuria, ch'egli hauea fatta e tuttauia faceua à lei. Onde conobbe e comprese il motto del Diamante falso, ilquale risoluendosi in due parole insieme con l'altro motto del Vangelio, veniua à dire in questo modo; DIAMANTE FALSO, PERCHE M'HAI ABBANDONATO? Però rauuedutosi dell'error suo, e mosso à compassione della suenturata donna, tornò à seruirla come prima; e lungo tempo goderono insieme del loro amore. POM. Sono state à dì nostri, & hoggi anchora sono in piedi in Italia tante honorate Academie,e raunanze d'huomini virtuosi e letterati, che hauendo tutti bellissimi concetti, ragioneuolmente debbono hauer fatto acutissime imprese. Ricorderesteuene voi per auuentura alcuna, che fosse degna di memoria? LOD. E più d'vna me ne souuiene,e fra l'altre l'Academia de gli Intronati in Siena, quando ella più fioriua, fece l'impresa sua, che fu vna zucca da riporui il sale, con due pestelli dentro, e'l motto ingegnoso & arguto; MELIORA LATENT; volendo per ciò inferire, che'l sale; cioè, il senno era riposto più à dentro. Fù poi questa eccellentissima impresa contrafatta da alcuni emuli loro per burla insieme col motto : iquali
in cam

in cambio di pestelli figurarono due membri virili
co'testicoli dentro nella zucca, e'l medesimo motto,
che seruiua loro del Meliora latent. L'impresa de
gli Academici Infiammati di Padoua, della quale
era stato capo & autore l'anno M. D. XL. Monsignor Leone Orsino Vescouo di Fregius; era Hercole,
che ardeua volontariamente sul monte Oeta; e'l
motto d'essa, anchor che Toscano, fu nondimeno bello & arguto; cioè, ARSO IL MORTALE, AL
CIEL N'ANDRA L'ETERNO. Volendo mo-
strare, che ogni spirto gentile deposta giù la spoglia
terrena, andrà à godere i premi di vita eterna.
Questo argomento d'Hercole m'hà fatto souuenire
d'un'altra virtuosissima Academia, che in quei medesimi tempi, ò pochi anni dopò, fiorì in Ferrara:
nellaquale Academia erano di molti eccellentissimi
e rarissimi intelletti, sicome fu, mentre e' visse, M.
Bartolomeo Ferrino, all'hora Segretario dell'Eccellen
tissimo S. Duca di Ferrara, di cui si leggono alcune
poche, ma dottissime fatiche, in prosa e versi Toscani; e M. Alberto Lollio, ilquale è hoggidi uno de'
piu rari e virtuosi intelletti, c'habbia Italia, & oltra
ciò cortesissimo e singolar gentil'huomo, & altri assai
gentilissimi spiriti degni d'ogni lode. Chiamauasi
questa Academia de' Signori Eleuati, e portaua per
impresa una delle dodici fatiche d'Hercole; ciò era
la lotta di lui con Anteo: e'l motto c̄oueniente à tale
impresa

impresa del verso d'Horatio; SVPERATA TEL-
LVS SIDERA DONAT. Fù questa veramente molto lodata e bella impresa, e quel verso d'Horatio le dà la vita oltra ch'ella fu anchora principalmente accommodata al S. Duca Hercole Prencipe loro. Fù vn'altra honoratissima Academia questi anni passati in Pauia, suscitata dall' Illustrissimo Sig. Marchese di Pescara, il quale dopò la morte del padre si ritirò quiui con la S. Marchesa del Vasto sua madre per dar luogo al Signor Don Ferrante Gonzaga nelle stanze del palazzo di Milano. Prese questa Academia il nome della Chiaue, e così portò per impresa vna chiaue d'oro col motto suo; CLAV
DITVR APERITVRQVE LIBERIS.
E ciò fu inuentione del dottissimo Contile. Erano in questa Academia tutti Signori e personaggi illustri, e ciascun di loro portaua vna chiauicina d'oro al collo, come per contrasegno della loro ingenua compagnia: e dà loro fertilissimi ingegni si vedea nascere ogni dì qualche singolare e pregiato frutto. Hebbe Milano anch'egli questi anni à dietro vn'altra Academia di nobilissime e virtuosissime persone, delle quali fu sempre, & hoggi è più che mai infinito numero in quella grandissima città; per verificarsi à pieno il verso d'Ausonio Gallo, Et Mediolani mira omnia, copia rerum. Chiamauansi questi gentil'huomini i Trasformati, e portauano
per

per impresa vn Platano con vn motto, il quale (se ben mi ricorda) è verso di Vergilio, e dice;

ET STERILES PLATANI MALOS
GESSERE VALENTES.

Hora prima ch'io esca delle Academie, non posso passare con silentio vn'altra Academia, laquale più per burla, che per altro fine fu ordinata in Piacenza, l'anno M. D. XLIII. da alcuni suegliati intelletti; laquale Academia era posta sotto la tutela e protettione del Dio de gli Horti, e per ciò gli Academici si chiamauano in publico gli Hortolani, & in priuato poi haueuano altro nome. Vsauano per impresa e per suggello della loro raunanza la falce di Priapo, per non fauellare più scoperto con esso voi, che intendete. Il motto era Toscano, SE L'HV-MOR NON VIEN MENO. E benche, come io hò detto, questa Academia fosse ordinata per giuoco e per riso da giouani huomini e lieti, spendeuauisi nondimeno il tempo molto honoratamente, e con grandissimo profitto di chi vi vsaua. Percioche vi si leggeua Filosofia, Loica, Rhetorica, Poesia Latina, e Toscana, e vedeuansi spesso comparire dottissime compositioni nell'vna e l'altra lingua. D'interno à questo tempo, ò poco prima ò poco poi fu vn'altra Academia in Bologna, città (come voi sapete) madre di tutte le scienze e di tutti gli studi, e dotata d'infiniti bellissimi ingegni, laquale Academia si
chiamaua

chiamaua de' Sonnacchiosi: & era la loro impresa un'Orso, ilquale animale, secondo che scriue Plinio, Aristotele & altri, dorme sei mesi continui dell' anno. Il motto era un verso Toscano, che diceua, SPERO AVANZAR CON LA VIGILIA IL SONNO; quasi che volessero dire, che doue forse prima erano stati neghittosi & infingardi all'opere di gloria e di virtù, si sarebbono sforzati con lo studio racquistare il tempo perduto. AR. Ma doue lasciate voi i Signori Academici Fiorentini? non hanno anch'eglino alcuna bella & honoreuole impresa, essendo eßi maestri e prencipi della lingua Toscana, e singolari in tutte le scienze? LO. Io non potrei dir tanto de' meriti loro, ch'eßi de molto più non fossero degni. Però quanto all'impresa loro, dico, ch'ella è il fiume d'Arno in figura humana con due piante, l'una dalloro, e l'altra d'oliua, senz' altro motto. Onde di loro direbbe il Giouio, che hanno fatto un corpo senz' anima. E per mostrar meglio la singolarità e grandezza loro, hanno voluto chiamarsi Academici Fiorentini, senz' altro cognome, come comunemente s'usa per gli altri. Hora essendo io uscito dell'Academie, entrerò à ragionare delle persone particolari, e maßimamente di quelle, ch'anno fior d'intelletto e perfettion di giudicio ; si come è fra gli altri, anzi più di molti altri caualieri & huomini di grado, il S. Conte Clemente Pietra, dotato
di tutte

di tutte quelle virtuose conditioni, che desiderar si possano in Capitano & huomo di guerra. Questo valoroso gentil'huomo hà portato a' suoi giorni diuerse bellissime imprese secondo la qualità de' soggetti, ch'egli hà hauuti differenti alle mani. E fra l'altre essendo egli innamorato d'vna gentildonna Bolognose, donna di singolar bellezza e di molto valore; & essendo sforzato partir da lei, portò per impresa vn'Elefante; ilquale sapendo di non esser perseguitato da' cacciatori, senon per cagione de' suoi denti, i quali sono di mirabil virtù, gli batte contra vn'albero, e se gli fa cadere. Il motto dice con questo verso del Petrarca; LASCIAI DI ME LA MIGLIOR PARTE A DIETRO. Il soggetto è per se stesso assai chiaro à chi sa la proprietà dell'animale. Vn'altra ne fece egli essendo pure innamorato d'vna gentildonna, chiamata Laura. E ciò fu il Coruo, che combatte col Cameleonte; il quale essendo ferito e auuelenato dal suo nimico, conoscendo che quella ferita lo condurrebe à morte per medicarsi piglia in bocca e mangia i frutti del Lauro. Il motto diceua: HINC SOLA SALVS. Volendo per ciò dimostrare, ch'alle sue piaghe amorose non haueua altra medecina, che Laura. Vn'altra impresa portò il medesimo Signor Conte Clemente in materia d'armi e d'honore degna del suo magnanimo e generoso core: e ciò fu essendo egli Capitan di Caualli in Pie-

Q

monte, doue leuò per impresa vn'Aquila, laquale volaua tant'alto incontra il Sole, che s'abbrucciaua le penne col motto; AVDE ALIQVID DIGNVM. La quarta impresa di questo valoroso Signore, fu giu dicata molto bella e giudiciosa da ogn'vno che la vide, quando egli andaua per condursi à combattere in isteccato: e questa impresa fu vna spada ignuda, col motto: EX HOC IN HOC. dimostrando, com'egli era per far fede della sua giusta causa e della ragione, ch'egli haueua contra il nimico con la spada. Laqual ragione particolarmente anchora suole essere il più delle volte fauorita e difesa da Dio. La quinta impresa di questo cortesissimo gentil'huomo, ma ohime, ch'io non m'accorgeua, che col ragionar tanto d'vn solo, torrei il capo, come si dice, à vna pescaia. POM. Noi non curiamo gran fatto, che voi ci ragionate d'vn solo, ò di molti, pur che variate l'imprese. LOD. Se così è, come dite, non crederò, che voi crediate, ch'io lodi questo honorato caualiere per l'amicitia, ch'è tra noi; ma seguiterò à dirui due ò tre altre delle sue. L'vna delle quali fu, quando egli venne alla guerra di Siena, ch'egli portò nella bandiera per impresa vn' vccello chiamato Seleuci- de, il quale fu dato da Dio à gli habitatori del mõte Cassino per distruggere le Locuste, che mangiauano loro tutte le biade. Non si sà doue questo vccello si stia, nè donde ei venga; ma comparendo le Locuste,
comparisce

comparisce anchora egli à diuorarle & à spegnerle.
Et il motto, ch'egli portaua sotto à questo animale,
era, LOCO ET TEMPORE. Credo, che l'animo
suo fosse di voler mostrare; che anchor che à tempo di
pace esso non istia mai fermo, girando sempre in diuerse parti; sempre però si truoua in difesa del suo Signore con l'armi in mano, quando bisogna cacciare
i suoi nemici. Come veramente egli hà mostro in
questa guerra, che s'è portato di maniera in tutti i
luoghi, doue si è combattuto, così con l'ingegno dell'animo, come con la forza e valor del corpo, che oltre à diuersi honori, che n'hà acquistato, ne hà meritato anchora grando di Maestro generale di tutto
l'esercito. Doue mutando honore, hà voluto ancho
mutare impresa: laquale non voglio dire, per non ve
nirui à noia, dimorando tanto sopra vn particolare.
POM. E di gratia non ci mancate di dircela; perche come già v'habbiam detto, noi non ci curiamo
molto della varietà de' Signori, c'hanno portate l'imprese, ma si bene della diuersità di quelle, e massimamente di queste di questo caualiere; lequali, à mio
giudicio, mi pare c'habbian tutte le parti, che da M.
Giouio son dette. LOD. Certo M. Pompeo, se voi conosceste questo Signore, ne haureste grandissima sodisfattione. Et io ve ne parlerei più liberamente, se
non ch'io temo, per essergli io quello amico e seruidore, ch'io gli sono, di esser tenuto adulatore. POM.

Q 2

Nò, nò, dite pur sicuramente, che già l'hò io sentito ricordare altre volte, e non solo per le cose di guerra, nelle quali è in buonissima riputatione, ma anchora per essere egli molto vniuersale, così di lettere, come d'altre honeste operationi. Ma di gratia diteci quest' altra impresa. LOD. Hora ve la dico e: vi prometto, ch'ella mi sodisfa infinitamente. Fù dunque l'impresa il Pettine, ilquale è della generatione de' Granchij, & hà questa proprietà, che hà vna branca, che riluce: e poi mangiato risplende in bocca di chi lo mangia. Et il motto diceua: OPERVM GLORIA. POM. Questa è veramente bella & artificiosa impresa, e già hò io capito il suo senso, senza che me ne diciate altro. Egli voleua significare con questa impresa, che coloro, iquali adoperauano la branca lucida; cioè il braccio valorosamente contra nemici, necessariamente hanno à rilucere in bocca de gli huomini; cioè esser lodati, e riportarne gloria & honore. LOD. Sēza dubbio voi l'haucte intesa benissimo: e v'assicuro, che i fatti in questo gētil'huomo sono stati eguali alla giudiciosa impresa. E queste sei imprese parte militari e parte amorose, sono inuētion propria del suo fertile e prontissimo ingegno; ilquale oltra i doni della Fortuna e delle doti dell'animo e del corpo, di cui il Cielo l'hà arricchito, s'è sempre ingegnato d'accompagnar le lettere con l'armi, di maniera, che non solamente sà far cose degne d'essere scritte, ma sà

scriuere

scriuere anchora cose, lequali meritano d'esser lette.
ARN. Io non vorrei, che voi pensaste d'hauer sì tosto fatto punto fermo al vostro ragionamento, perche non è pericolo, che ci ponghiate à noia; così piaceuole materia è quella, di cui voi ragionate. LOD.
Anzi io temeua d'hauere presso che fastidito voi, e M. Pompeo: ma poiche mi liberate dal biasimo di mala creanza, con buona gratia vostra seguirò alcune altre poche inuentioni, che tuttauia ragionando mi vengono à mente. Dico dunque, che'l Signor Giouan Battista Bottigella gentil'huomo molto honorato e cortese, volendo esprimere vn suo concetto amoroso, portò già per impresa vna Naue, che vada à piene vele, con l'Echino ò Remora, che si chiami, appiccato; ilquale pesciolino, secondo che racconta Plinio, è di tanta forza, che appiccandosi al nauilio, lo firma e ritiene in modo, che non si può mouere per furia di venti; nè per alcuna altra forza. Il motto suo diceua; SIC FRVSTRA: mostrando, che non gli giouaua nulla con la sua Donna esser fidele è costante, perche ella se gli mostraua sempre più indurata è crudele. Vn'altra impresa anchora portò in generale la nobilissima sua famiglia, laquale non è se non bella: e quest'è vn collare da cane sciolto, col motto in lingua Francese; SANS LIAME: ma non saprei già dire, à che fine l'hauesse trouata.
POM. È possibile, che non diciate nulla del Signor

Q 3

Siluestro Bottigella ch'è così raro ingegno, e tanto vostro amico? LOD. Io mi riputerei à discortesia scordarmi della virtù e gentilezza sua:però voi intenderete, come io hò veduto molte belle anime sue senza corpo, ma poiche noi siamo sopra la seuerità delle regole, non mi ricordo d'alcuna, ch'egli n'habbia fatto compiuta. Vna delle quali fu; EX IMBRE PVLVEREM. N'hò poi veduto infinite altre sue tutte belle in questo genere. Nondimeno parmi quasi impossibile, ch'egli non n'habbia fatta alcuna bellissima e perfetta, essendo il suo crudito intelletto atto à fare ogni gran cosa. Io conobbi prima in Ancona, e dipoi in Vrbino vn gentilissimo e virtuosissimo Signore, ilqual merita ogni lode & honore, letterato, cortese, & amoreuole molto: à cui son grandemẽte tenuto per li molti benefici e fauori da lui riceuuti. Questo si chiama il Cõte Antonio da Landriano. Dilettasi di tutte le gentilezze del mondo, & è dotato di singolar giudicio: e per dirlo in somma, è vniuersale e galant' huomo. Hò veduto vna sua bella impre se, laquale è vna Aquila, che fà il nido suo sulla quercia, col motto Latino; REQVIES TVTISSIMA. e ciò giudiciosamẽte hà fatto, per essere egli genero dell'Eccellentissimo S. Duca d'Vrbino: assomigliando se stesso all'Aquila, ch'è l'arme sua, e la quercia al signor suo suocero: quasi che perciò voglia inferire d'hauer fondato tutte le speranze e disegni suoi

nella

nella protettione di quel cortesissimo Signore. E ragioneuolmēte l'Aquila, ch'è vccello di Gioue, s'è posta a nidificare sulla quercia, ch'è albero suo ancora. Ricordomi d'hauer veduto vna impresa d'vn gentil'huomo Milanese, che si chiamaua Hippolito Girami, ilquale hebbe più volte grado e titolo honorato alla militia, e particolarmente alla guerra di Siena in seruitio di sua Maestà Cesarea. Laquale impresa, fu vna spada con vn Serpe auuolto intorno, ilqual Serpe hauea vna ghirlanda d'alloro in bocca cō vn motto, che diceua; HIS DVCIBVS. ARN. Questa impresa hà bellissima vista, e verisimilmente deurebbe anchora hauere generoso concetto. Lo. Così è veramente, come voi dite: perche, secōdo ch'io posso far congiettura, la spada è interpretata in questo luogo per la fortezza & valore del corpo, e'l Serpe per la prudenza e virtù dell'animo. Doue voleua inferire, che con queste due guide disegnaua d'aggiugnere alla corona trionfale dell'alloro. E senza dubbio era in via per douer tosto arriuarui, se morte importuna non se gli fosse interposta, laquale troppo innanzi tempo lo leuò del mondo. Fù questa impresa inuētione del mio S. Conte Clemēte Pietra, ilquale sicome molto l'amaua in vita, così anchora grandemente l'honorò dopò morte. Sogliono gli huomini letterati anchora far delle imprese; massimamente ne' rouesci delle medaglie; per isprimere i concetti de glianimi loro;

de' quali ne ricorderò alcuni pochi, che io mi ricordo hauer visto. Sicome è l'Eccellentissimo Dottore di leggi, e mio honoratissimo amico, M. Giouan Battista Pizzoni Anconitano, ilquale oltra alla principal sua professione, ch'è delle leggi, nella quale egli è singolare e raro & inuiolabile esecutore della ragione e del giusto; hà grandissima cognitione anchora delle buone lettere Latine e Toscane, e sopra tutto è leggiadrissimo dicitore in rima, come si può vedere per molti suoi vaghissimi componimēti; e molto meglio si vedrebbe se la grauità de' magistrati, e le infinite occupationi de' giudici non lo togliessero così spesso e tutto alle Muse. Hà fatto questo gentil'huomo per impresa nel rouescio di vna sua medaglia vn Nauiglio in mare trauagliato dalla fortuna, che cerca di pigliar porto, & vna Grù, che hà il capo tra le nuuole col motto; VLTRA NVBILA. Il nauiglio credo che significhi la vita humana di continuo trauagliata nel mare di questo mondo, laquale aspira al fine di ricouerarsi in porto di salute. La Grù che hà il capo fra le nuole, è l'altezza del suo nobil pensiero, che s'alza alle cose del Cielo. M. Bartolomeo Gottifredi Piacentino, è vno de' piu cari e più fideli amici, ch'io habbia, letterato, virtuoso, e gentile, e di gratissima e dolce conuersatione: ilquale essendogli calculata e giudicata la natiuità sua da' peritissimi Astrologi, che lo minacciauano di morte subita

e viol

e violenta,come huomo intrepido e risoluto,per voler mostrare la franchezza del cor suo,hà tolto per impresa il nodo Gordiano con la spada e'l motto; NIHIL INTEREST, QVOMODO SOLVATVR. Il soggetto è chiarissimo à chi hà, come voi,cognition dell'historie,e massimamente à chi hà letto Quinto Curtio della vita d'Alessandro Magno.
POMP. Questa mi pare vna delle più belle, e meglio accommodate imprese, che ci habbiate racconte.
LOD. Così giudico anchor'io,ma non me ne marauiglio punto,conoscendo benissimo,quāto egli è d'acuto e suegliato intelletto. Io conobbi il primo anno, che io venni à Fiorenza,vn dottissimo huomo e di grandissima esperienza delle cose del mondo,che fu M.Francesco Campana; ilquale per essere egli letterato e virtuoso, amaua & fauoriua grandemente i suoi pari. Costui, douendosi dar principio à stampare i libri rari & esquisiti della libreria de' Medici in San Lorenzo, fece fare vna impresa per metterla in fronte de' libri; laquale era vn Leggio con vna Lucerna,e molti libri sopra e d'intorno,parte chiusi, e parte aperti,cō questo motto Greco. ΚΑΜΑΤΟΣ ΕΥΚΑΜΑΤΟΣ. Il qual motto suona in nostra lingua,come sarebbe à dire,fatica senza fatica. Perche, anchorche lo studio delle lettere sia molto laborioso, è però tanto il diletto,che se ne trahe,che ciò nō par fatica à chi lo fà volontieri. Io non farò gran conto

di mettere vn Signore,& huom di guerra dopò questi letterati, maßimamente hauendo io promeſſo fin dal principio del mio ragionamento, di non voler ſeruare ordine alcuno. Dico adunque, ch'io mi ricordo hauer già vdito dire, come il S.Giouanni de' Medici, al tempo ch'egli era molto giouane in Reggio di Lōbardia, ſicome tutto dì auuiene à gli animi nobili e gētili, fieramēte s'innamorò d'vna belliſsima e nobiliſſ.dōna. E come quello, che conoſceua beniſsimo ſe medeſimo e la natural terribilità e fierezza del cor ſuo, quaſi marauigliandoſi di ſe ſteſſo, che di così inuitto capitano e ſeruo di Marte, com'egli era, ſi foſſe ridotto ad eſſer ſuggetto di dōna e d'Amore; preſe vn motto ſolo ſenz'altro per impreſa, ilqual motto in atto di marauiglia diceua; E CHE NON PVOTE AMORE? E ben ſi può comportare in vn Capitano, e che non faccia profeſsion di lettere, com'egli non faceua, non ſolamente ch'egli pigliaſſe per impreſa vn motto ſolo, ma anchora che lo faceſſe volgare: percioche egli è da credere, che lo trouaſſe da ſe ſenza conſiglio & aiuto d'huomini ſcientiati. A R N. Era queſto Signore huomo libero e ſchietto, & auezzo tra' ſoldati, però voleua eſſere inteſo ſenza commenti. L O D O. La purità dell'impreſa del Signor Giouanni, e Reggio m'hà fatto ſouuenire dell'impreſa d'vn garbato gentil'huomo Reggiano; ilquale volendo moſtrare, come tutti gli

huomini

huomini per prudenti e virtuosi che siano, in vita loro fanno qualche leggierezza e pazzia, fece vna sua medaglia, con questo motto senz'altra figura; OMNIS HOMO CVRRIT. *Hauea nome questo gentil'huomo M. Gasparo Adouardo.* POM-PEO. *A me pare, ch'egli dicesse il vero, e che non si potesse opporre à questa sua sentenza; perche, come volgarmente si dice, ogn'huomo hà qualche difetto.* LODO. *Io m'era scordato di dirui di due belle imprese del Signor Duca Cosmo formate amendue del mio carissimo amico & Eccellentissimo artefice e Maestro di zecca di sua Eccellenza, Domenico Poggini; l'vna in acciaio e l'altra di stucco: la prima hà per roueschio l'Isola dell'Elba con la nuoua città Cosmopoli fondata e mirabilmente fortificata dal Signor Duca. Sopra l'Isola è vn motto;* SYLVA RENASCENS. *Le lettere poi scolpite intorno al rouescio dicono,* THVSCORVM ET LIGVRVM SECVRITATI. *La seconda hà per rouescio vn' Apollo, il quale mette la mano in capo al Capricorno, felicissimo ascendente di sua Eccellen.& vn piede sopra il serpente Fitone, con l'arco e'l turcasso. Il motto è quel verso d'Horatio conueniente molto all'ottime qualità di così virtuoso Prencipe;* INTEGER VITAE SCE LERISQVE PVRVS. *Mostrommi già il Poggino di molte altre bellissime medaglie fatte da lui,*

fra

fra lequali mi ricorda di quella del Cardinal di Rauenna, c'hauea per rouescio vna delle dodici fatighe d'Hercole, ch'è quando egli ammazza l'Hidra: laquale impresa è senza motto, ma nondimeno hà bellissima apparenza e misterioso significato. Vn'altra ne vidi del S. Don Luigi di Toledo, dignissimo fratello della Eccellentissima Signora Duchessa di Fiorenza, laquale haueua per impresa due Donne figurate, l'vna per la vita Attiua, e l'altra per la vita Contemplatiua: col motto appropriato: ANXIA VITA NIHIL; volendo, per quel ch'io posso comprendere, inferire, come non stimando più l'attioni e gli honori di questo mondo s'era tutto volto con l'altezza de' suoi pensieri à contemplare le cose di Dio. Haueua il Poggino anchora fatto la medaglia d'Anton da Lucca, di quello eccellentissimo Musico, che pochi mesi sono passò à miglior vita, lasciando di se e della virtù sua grandissimo desiderio à chi lo conobbe: laqual medaglia hauea per rouescio Marsia scorticato da Apolline, senz'altre parole. E questa impresa debitamente era stata appropriata à questo rarissimo intelletto per mostrare l'eccellenza del suo valore. Vidi pur ritratta dal medesimo Poggino in istucco, vna bellissima gentildonna Fiorentina, con vn rouescio di quattro figure finte per li quattro elementi. Il motto diceua con questo bel verso Latino:
SIC EGO NEC POSSEM SINE TE, NEC
VIVE

VIVERE VELLEM. *Doue à me pare, che colui, c'hà fatto formare tal medaglia, habbia voluto dire, che sì come l'huomo non può viuere senza i quattro elementi, de' quali egli è coposto; così questo amante non potrebbe, nè ancho potendo, vorrebbe viuere senza la sua donna. Ritrasse parimente vn' altra gentildonna degna di ciò per la sua rara & honesta bellezza dell'animo e del corpo, e per rouescio le fece vn Liocorno, animale tanto amico della castità, con questo motto.* OPTIMA INSIGNIA. *Vidi pur vn'altra medaglia di vna gentildonna fatta di sua mano, laquale per hauere hauuto vna molto honorata e notabile impresa, non mi s'è mai potuta scordare; e questa è Bellerofonte e la Chimera. Il motto era del verso d'Horatio;* CECIDIT TREMENDAE FLAMMA CHIMAERAE. *Vi potrei ragionare d'infinite altre medaglie fatte dal Poggino con argutissime inuetioni e significati, ma non vorrei fastidirui con metterui innanzi tante cose, anchor che bellissime, d'vn solo.* POM. *Di questo non habbiate sospetto alcuno.* LOD. *Però per nõ venirui à noia, porrò mano ad altro, e dico; che fu già vn gentil'huomo in Pauia, mio grandissimo amico, il quale essendo innamorato d'vna bellissima e rarissima gentildonna, e d'acutissimo spirito, facendo vna mascherata per comparirle innanzi, e voler farle intẽdere il misero stato e pericoloso, doue egli era posto*

per

per cagione dell'amore che le portaua; dipinse una naue in alto mare, senz' alcuno armeggio, & appresso questo verso del Petrarca, MI TROVO IN ALTO MAR SENZA GOVERNO. Hauendo egli dunque occasione di ragionare in ballo, e trattenersi, come s'usa, con questa gentildonna, ragionando venne à farle conoscere, com'essa gli hauea dato cagione di leuar tale impresa; che molto ben se gli conueniua, per non sapere egli trouar riparo al suo infelicissimo stato. All'hora quella gentildonna, dotata, come io hò detto, di prontissimo e viuo intelletto, senza troppo pensare alla risposta che gli douea fare, disse; Assai più, Signore, vi si conuerrebono i versi, che seguono; iquali, sicome voi sapete, dicono; SI LIEVE DI SAPER, D'ERROR SI CARCO; Ch'io medesmo non so quel, ch'io mi voglio; E tremo à meza state, ardendo il verno. Rimase quel gentil'huomo tutto stordito e còfuso e pieno di marauiglia, pensando alla pronta e pungente risposta, che gli hauea fatta quella accorta e valorosa Signora. Poi ch'io sono entrato, non saprei dir come, à ragionar dell'imprese, e ch'io ve n'ho detto infinite d'altri, nõ mi vergognerò diruene alcuna delle mie: non perche io le stimi degne di sì nobil compagnia, ma per far paragone all'altre. A R N. Deh sì di gratia, fateci ancho questo fauore. L O. Fauore sarà quel, che voi farete à me, degnandoui d'ascoltarmi, di che

che v'haurò singolare obligo. Feci dunque vna impresa all' Illustriss. Signor Chiappin Vitelli, ilquale oltra gl'infiniti testimoni del suo grandissimo valore, ch'egli hà mostrati altroue, s'è così nobilmente portato in questa lunga & ostinata guerra di Siena. Laquale impresa hò figurato, che sia vn Vitello, come peculiare insegna della sua famiglia, ilqual Vitello quando è morto, viene à produrre da sè lo sciame delle picchie. Il motto hò tolto dalla Bibbia dell' historia di Sansone, quando egli propose l'Enimma à Filistei, dicendo; DE FORTI EGRESSA EST DVLCEDO. volendo nella mia mente inferire, che dalle fortissime opere e fatiche di questo Eccellente Capitano vsciranno col tempo dolci frutti di gloria e d'honore. Il Signor Pirrho da Stipicciano, cognominato Colonna, fu Caualiere di quel grandissimo senno e valore, che si sà per ogn'vno; ilquale essendo in presidio di Carignano in Piemonte, valorosissimamente sostenne l'assedio cōtra di Monsignor d'Anghiano e tutto l'esercito Francese; e finalmente dopò che'l Marchese del Vasto fu rotto dá Francesi alla Ceresola, doue gli Imperiali perderono la giornata, innanzi che si volesse arrendere, mancandogli tutte le cose necessarie al vitto, si tenne più di quaranta giorni. Alla fine non hauendo alcuna speranza di soccorso fu sforzato à rēderci, salue le robe e le persone. E così vscendo di Carignano, per
essersi

essersi obligato sopra la sua fede, andò à trouare il Rè di Francia: il quale honorando molto la virtù di lui, anchora che gli fosse stato nimico, gli offerse conditioni honorate, se voleua seruirlo. Ma il Signor Pirrho ringrantiando il Rè, e scusandosi di non potere, rifiutò il partito offertogli dal Christianissimo: però gli feci io vna impresa sopra di questo generoso soggetto, e figurai il cauallo di Giulio Cesare, ilquale, secondo che scriue Plinio, non volse mai esser caualcato d'altri. & haueua i piedi dinanzi simili à quei dell'huomo; & in questa effigie era posto dinanzi al tempio di Venere genitrice. Il motto suo diceua; SOLI CAESARI. Accennando all'honorata intentione del S. Pirrho, ilquale essendo al soldo di Cæsare, non haueua voluto accettare la condotta offertagli dal Rè Francesco. Il Signor conte Battista d'Arco è nobilissimo e molto valoroso Signore, e per ciò merita che si faccia memoria di lui e dell'eccellentissime virtù sue. E benche io non sia tale, che mi vanti di poterfargli honore; nondimeno per mostrare in qualche modo la mia singolare affettione verso di lui; l'hò prouisto d'vna impresa, laquale à mio giudicio, par che molto se gli couenga, se nō per altro, almeno per lo nome della sua antica & illustre famiglia. Hò fatto dunque l'Arco celeste, ò (come alcuni lo chiamano) Arco baleno, ilquale dopò la pioggia è formato nell'acre per la riflessione de'raggi del Sole nelle nuuole.

Ilquale

Ilquale arco quanto il Sole è più alto, tanto viene à farsi maggiore. Voglio dunque inferire che hauendo questo generoso Signore seruito honoratamente in guerra molti Prencipi, & fra gli altri il Serenissimo Rè de' Romani, quanto hà fatto seruitù à maggior personaggio, tanto più è riusciuto chiarissimo & eccellente. Il motto dice; A MAGNIS MAXIMA. Hò fatto un'altra impresa al Signor Sforza Pallauicino, il quale è quel rarissimo caualiere, che sà tutto'l mondo, hauendo egli lasciato infiniti testimoni di valore e di fede in molte guerre, e massimamēte al seruitio della Maestà del Rè Ferdinando, per cui egli tuttauia con molta sua lode & honore milita e serue. Et è questa impresa la Donnola, che combatte con le Serpi, ilquale animale è dotato dalla natura di tanto ingegno, che conoscendo il mortifero veleno del suo nimico, innanzi che vada ad affrontarlo, prima si prepara con la Ruta. E però hò voluto accōmodare questo suggetto al Signor Sforza; ilquale hauendo à combattere co' Turchi, nostri e della santissima fede di Christo capitalissimi nimici, s'arma prima e prouede non solo di buona armadura, ma di eccellentissimo e singolariss. ardire & valor d'animo e di corpo. Ilche egli hà fatto sempre, & è per far quest'anno anchora con grandissimo danno de gli infideli, se à Dio piacerà mandargli di nuouo, come si ragiona, à trauagliare il regno d'Vngheria.

R

Il motto è Latino, e dice, CAVTIVS PVGNAT. La similitudine del nome m'hà fatto ridurre à memoria il Signor Sforza Almeni gentil'huomo della camera dell'Eccellentiß.Signor Duca di Fiorēza, e meritamēte molto fauorito di sua Eccellenza; ilquale hauendo sua propria e peculiare impresa, giudico, che non habbia bisogno ch'io gliene faccia altra. L'impresa dunque di quest'honorato gentil'huomo è vna Piramide con l'ali, c'hà fondata la sua base sopra le Palle: e'l motto dice, IMMOBILIS. Doue, s'io non m'inganno, hà voluto mostrare, che hauendo egli giudiciosamente fondate le sue speranze, e'l suo stato sopra le Palle, arme del suo Prencipe, e seguendo la fortuna e felicità di lui, è per ciò immobile e saldo, ò forse vuole anchora accennare alla seruitù, ch'egli hà con qualche gentildonna, laquale egli disegna che sia stabile & eterna. L'Illustriß.S.Gio.Battista Castaldo è Capitano di così chiara fama e singolar virtu, che con pace de glialtri, hoggidi tiene il primo luogo, e maßimamente per la lunghißima esperienza, ch'egli hà dell'armi e delle cose della guerra. Hà voluto vltimamente questo Eccell. Capitano ritirarsi e starsi in riposo, si come emerito e stanco dalle continue fatiche martiali. Però con tutta questa sua lodeuolißima e sauia risolutione, non manca tuttauia d'aiutare col consiglio e con l'ingegno tutti coloro, che ricorrono à lui, come à vno Oracolo. Gli hò fatto dunque per

impresa

impresa vn Laureto;cioè, vna selua di Lauri, ilquale anticamente era posto in Roma sul monte Auentino; onde tutti quei, ch'erano per trionfare, andauano à pigliare il ramo da incoronarsi. Intēdendo per questo Laureto esso S. Gio. Battista, ilquale è quel, che ministra i consiglij e l'operationi virtuose à quei, che vanno à lui, per imparare col suo esempio à farsi honorati & illustri: Onde stādo esso à sedere, tuttauia fà attioni degne di molta lode. Il motto, c'hio hò fatto all'impresa, dice; VIRTVTIS ET HONORIS PRAEMIA, Io v'hò ragionato à questa hora di molte belle e brutte imprese, ch'io mi ricordo hauer veduto; hora hauendo io sodisfatto in quel miglior modo, ch'io hò saputo alla mia promessa & al desiderio vostro, sarete contenti, ch'io mi riposi e ponga fine al mio parlare. ARNOLDO. Quanto à questa parte, noi ci chiamiamo sodisfatti dell'obligo volontario, che haueuate contratto con essonoi; ma se hora vi ci volete fare obligati con la vostra cortesia, vi piacerà contare parecchie altre di quelle, che hauete fatto voi à requisition de' vostri amici. Perchioche non può esser, che hauendone voi vedute tāte & hauuto lunga familiarità con M. Gionio, ilquale n'era maestro, non v'habbiate anchora voi fatto qualche studio: che non siate stato sforzato compiacere à chi ve ne pregaua. LOD. Io non posso negare, che non mi sia lasciato vincere tal'hora dalla importunità de gli amici, e postomi à far cosa, doue il mio genio non era inclinato; ma gran pazzia sarebbe la mia à far paragone delle inettie del mio ingegno con le acutissime inuentioni di tanti galant'huomini, e Signori, ch'io v'hò raccontate. POM. Se non hauete potuto mancare a'commandamenti di coloro, che vi pregauano, sò che molto meno potrete disdire à preghi di noi, che vi commandiamo con l'autorità della nostra amicitia e della cortesia vostra. E però risolueteui à farci questo piacere. LOD. Assai minor vergogna mi tengo il farmi riputar presontuoso cöpiacendoui, che discortese negandoui cosa, che da me vogliate. Dico adunque, ch'io fui richiesto, pochi mesi sono, dal S. Alberto da Stipicciano cugino del S. Pirrho, ch'io gli volessi far vna impresa, che s'haueua à dipignere nel suo quadretto de'caualli, ch'egli haueua hauuto dall'Eccellentissimo Signor Duca di Fiorenza; e vòlendo egli mostrare l'integrità della sua inuiolabil fede, ch'egli vsaua verso il suo Prencipe, gli feci figurare vn Crociuolo da Orefici da fondere l'oro e l'argento posto sul fuoco, con parecchie verghe d'oro dentro, col motto; SICVT AVRVM IGNI. Accennando, che sicome l'oro si conosce e s'affina al fuoco; così la fede d'vn caualier d'honore si conosce alla prueua delle fattioni di guerra. Fù à questi giorni vn giouane Fiorentino amico mio, ilquale mi ricercò, ch'io gli facessi vna impresa; e'l soggetto era questo; cioè,

cioè, com'egli era apparecchiato per cortesia sua e gentilezza d'animo compiacere altrui in tutte le cose ragioneuoli & honeste; ma per forza e contra la volontà sua non era mai per far nulla. Dissigli adunque, ch'à volere esprimere questo suo concetto figurasse vna Palma senz'altro, la cui proprietà vi è notissima, e facesseui vn motto; FLECTITVR OBSE-QVIO NON VIRIBVS; questa mi parue inuentione assai accommodata al desiderio dell'amico. Richiesemi vn cittadin Fiorentino, ilquale era per andare in officio, ch'io gli dessi vna impresa per farla dipignere nello stendardo, ch'essi vsano di portar seco, come insegna del magistrato. E diceuami, ch'egli haurebbe voluto mostrare in figura, come essendo egli stato in continui trauaglij perseguitato molto dalla Fortuna, non s'era mai per ciò lasciato vincere nè abbatere da gli affanni, ma sempre haueua mostrato il viso alla sorte, mantenendo core intrepido e virile. Gli ordinai dunque, che figurasse vn Leone; ilquale è il più ardito e generoso animale, che sia sopra la terra, e facesse vn motto: REBVS ADVERSIS ANIMOSVS. AR. Questo se ben mi ricorda, è vn verso d'Horatio. LOD. È senza dubbio, e parmi all'hora (come si suol dire) dar nel segno, quand'io posso esprimere la intention mia ò d'altrui, con parole ò versi di qualche autore illustre, ò historico ò poeta Latino, molto meglio assai, che s'io formassi il mot-

to da me stesso. Percioche io giudico artificio maggiore tirare à mio proposito la sentenza dello scrittore antico, quasi che' gli scriuesse per seruirmi delle sue parole. Fù la S. Liuia Torniella, mentre ella visse, bellissima & honestissima donna; & vno de più gentili e leggiadri ingegni, c'hauesse il sesso Donnesco all'età nostra. Amaua & honoraua grandemente le persone virtuose e letterate, e faceua loro tutti quegli honesti fauori e accoglienze, ch'eran possibili à farsi. Di che posso io far fede, che sono il minimo di tutti, che hò riceuuto da lei molte belle lettere, nelle quali ella con mirabile ingegno chiaramente esprimeua la bellezza del suo purissimo animo. Pregommi questa valorosa Signora, che ben commandare mi poteua, ch'io le facessi vna impresa, doue ella mostrasse la costanza & integrità del suo pensiero tutto volto à honore e virtù. Onde, bench'io conoscessi benissimo, ch'ella con l'acutezza del suo diuino spirito molto meglio di me haurebbe saputo formare tal soggetto, non volli però mancare d'vbidirla, e così le feci intendere, ch'ella figurasse l'Heliotropio; cioè, Girasole, ilquale stà volto sempre secondo che gira il Sole, e perciò n'hà acquistato il nome quasi ch'egli habbia spirito; e però voglia far conoscere, che l'intention sua è tutta volta al raggio del Sole. Il motto era; VERTITVR AD SOLEM. Tennesi assai sodisfatta quella amoreuole e virtuosa
gentil

gentildonna di questa impresa, e per sua natural cortesia me ne ringratiò molto. Alla giostra, che fece il S. Pierluigi Farnese in Piacenza l'anno M. D. XLVI. concorsero tutti i più honorati e valorosi Caualieri d'Italia, & fra gli altri v'andò il S. Nicolo Pusterla gentil'huomo Milanese, caualiere di quel singolar valore, che voi hauete udito ricordare. Haueua questo gentil Signore fatto una liurea; come s'usa, & erasi coperto sè tutto e'l cauallo di piume; che faceua bellissima apparenza à vedere; ma non hauendo motto alcuno, dissi, che questo sarebbe conuenuto al suo pensiero; MAS SON LAS DEL CORAZZON. Era un gentil'huomo d'honore, il quale per sua cattiua sorte hauea per moglie una donna assai bella, e di nobil sangue; ma per quel che si ragionaua di lei, poco honesta. Onde per coloro che lo sapeuano, era tenuto ch'ella facesse grauissima ingiuria al marito, e che per ciò ne meritasse aspro gastigo. Ma, sicome suole auuenire in simili casi, il pouero gentil'huomo, che dal lato suo trattaua honoratamente la moglie, e faceuale buona compagnia, ragioneuolmente anchora credeua, ch'ella per tutti questi rispetti, e di più per esser nata nobile, gli deuesse mantener fede; & hauer cura dell'honor suo; dou'egli di gran lunga s'ingannaua. Perche la disleal donna faceua il peggio; che sapeua: e ciò non auueniua già, perche il marito non usasse i debiti modi in guardarla; che la malitia di lei superaua tutti i suoi consiglij. Ragionandosi dunque di questo caso fra alcuni gentil'huomini, i quali haueuano in vero cõpassione grande à quel meschino, dissi, che in questo soggetto si sarebbe potuto fare vna impresa, per iscusatione del poco auuēturato marito; cioè Argo, ilquale, sicome Ouidio fauoleggia, si figuraua con cento occhij; che guardasse Io conuertita in vacca, con vn motto, che dice, FRVSTRA VIGILAT. ARN. Questa impresa hoggidì non à vn solo, ma conuiene à molti infelici mariti; dico infelici, quanto alla falsa openione del volgo, ilquale sciocamente si crede, che l'honor de glihuomini e delle famiglie si debbia ò possa perdere per l'amoreuolezza d'alcune donne. Onde quanto s'inganni chi così crede, cõsiderisi, che l'honore e la fama si perde per nostro proprio difetto, e non per altrui colpa. LOD. Io hò fatte poche imprese ad istantia altrui, perche, come io hò già detto, questo è vfficio d'huomini non solamente detti, ma capricciosi anchora. Tuttauia per mostrare qualche gratitudine ad alcuni personaggi illustri, i quali m'hanno già fatto beneficio, e perciò mi sento hauere obligo con la lor cortesia, hò fatto parecchie imprese à mia sodisfattione, e non perch' essi se n'habbiano à seruire. POM. In ogni modo, che l'huomo si mostri grato de'benefici riceuuti, merita lode; e'nuita gli altri ancora ad essergli liberali e cortesi: però bene hauete

uete fatto voi à mostrare qualche segno della diuotione dell'animo vostro verso quelle nobili persone, che v'hanno giouato; sicome d'altra parte io son certo, che voi non vi ricordate d'ingiuria, che vi sia stata fatta. tale è la generosità e gradezza dell'animo vostro. LOD. Io conobbi l'anno M.D.XLIIII. in Vinegia il Capitan Camillo Caula da Modona, gentil'huomo molto vfficioso e cortese, ilquale in seruigio de gli amici non che le facultà, spenderebbe la propria vita. Con questa honorata persona hò io grāde obligo, però per qualche segno d'affettione e riuerenza, ch'io porto alle sue rare conditioni, gli hò figurato per impresa vn' Elefante riuolto verso la Luna; ilquale tra l'altre sue marauigliose proprietà hà questa, ch'essendo spontaneamente dotato d'vna certa sublimità di natura, porta riuerenza al grande Iddio, & osserua la religione. Percioche apparendo la luna nuoua, quando egli non è ritenuto da forza altrui, si purifica in vn fiume corrente; se si sente ammalato, si raccomanda à Dio, e scaglia dell'herbe verso il Cielo, quasi che con quel mezo vi voglia fare aggiungere i suoi prieghi. Et in questo atto l'hò disegnato io, volendo esprimere la diuota intentione del Capitan Camillo. Il motto, ch'io gli hò fatto, è questo; PIETAS DEO NOS CONCILIAT. Voi douete amendue hauere vdito ricordare, ò almeno voi M. Arnoldo, che lo conosceste in Vinegia, il

R 5

Signor Girolamo Pallauicino di Cortemaggiore; ilquale non tralignando punto dalla generosità della
sua nobilissima famiglia, in tutte le sue attioni hà di
cōtinuo mostrato magnificenza e splendore d'animo
reale. Di questo liberalissimo Signore hò io gran cagione di lodarmi, tal che mentre io haurò vita, non
mi vedrò mai stanco nè satio d'honorarlo in tutti
quei modi, che per me si potranno. Però per fare alcu
na parte di quel, ch'io debbo, gli feci già per impresa
vna Aquila, laquale secondo Plinio, sola di tutti gli
vccelli non fu mai morta dalle saette: e perciò fu detto, ch'ella portasse l'armi di Gioue. Volendo dire, che
la virtù di questo Signore nō può esser percossa dall'
ira del cielo: e con questo io dimostro la persecutione,
ch'egli hebbe già à gran torto nello stato e nella persona, laquale finalmente (come ei meritaua) gli riuscì à felicità e grandezza. Il motto diceua, EST
MIHI SORTE DATVM. Riceuei già molte
cortesie & fauori dal Conte Collatino di Collalto, gio
uane di singolar virtù e grandezza d'animo, & oltra le doti del corpo, accompagnate anchora abonde-
uolmente da' beni della fortuna; iquali gli danno
commodità & occasione di vsar liberalità verso coloro, che la meritano. Ond'essendo io stato beneficato
da lui, e perciò volendo fare alcuna memoria del suo
merito, e dell'obligo mio, figurai l'albero del Pino, ilquale è di questa proprietà, che d'ogni stagione hà
frutti

frutti maturi: e'l motto diceua; SEMPER FER-
TILIS. volendo per questo mostrare, che la virtù
di questo nobil Signore di continuo produce soauis-
simi frutti di gloria e d'honore. Hò hauuto & hò
tuttauia amicitia (per non chiamarla con parole
adulatorie del nostro tempo) seruitù, con Monsignore Antonio Altouiti dignissimo Arciuescouo di Fiorenza; ilquale, sicome quel ch'è nato nobilmente, e
di poi con la nobiltà sua hà vnito lo studio delle let
tere diuine & humane, tuttauia pensa, com'ei possa
giouare e far beneficio à ogn'vno. Talche essendo an
chor'io vn di quegli, che hanno conosciuta e prouata
la sua splendidezza, hò voluto far testimonio del-
l'obligo, ch'io hò seco, con qualche frutto del mio debile ingegno. Così gli hò fatto vna impresa, ch'è vn
Cane à guardia d'vn branco di pecore; ilquale da
gliantichi era figurato per professore delle sacre lettere. Percioche colui, che vuol far professione delle
cose diuine, sopra tutto bisogna, che à guisa del Cane
di continuo abbai, che mai non cessi di perseguitare
i vitij de glihuomini, che sia d'animo terribile, che
non si domestichi con alcun profano, sicome fanno i
Cani verso coloro, iquali ò alla vista ò al fiuto conoscono che non sono della famiglia del Signore. Per li
Cani anchora sono interpretati i Prelati delle sacre
Chiese di Christo; iquali si proueggono per difen-
dere le greggie dalle insidie de gliauuersari, e per
custodir

custodir sicure le pecorelle da ogni ingiuria de' lupi. È attribuita ancho al Cane la memoria, la fede, e l'amicitia. Però mi parue conuenirsi questa impresa à sì honorato personaggio, col motto; NON DORMIT QVI CVSTODIT. Fra i molti nobiliss. Signori, che sono nel regno di Napoli, iquali illustrano quella nobilissima prouincia, v'è il Signor Don Giouan Vincenzo Belprato, Conte d'Auuersa, degno d'infinite e grandissime lodi, per essere egli non pure virtuoso e magnifico; ma grandissimo amico anchora e benefattore di quegli, che non hanno altro, che vna minima ombra di bontà, e di virtù. Di che posso fare io piena fede, che per tale l'hò conosciuto e prouato, senz' hauerlo giamai veduto: onde confesso esser tenuto à rendergli gratie immortali & à celebrarlo con tutte le forze del mio pouero intelletto. Hò giudicato dunque vfficio mio fargli alcuna impresa degna del suo altissimo pensiero. Però gli ho fatto il cauallo Pegaso, come si vede scolpito nelle medaglie d'Adriano, di L. Papirio Cursore, e d'altri, dou'egli è figurato per la Fama. Nacque questo animale, come fauoleggiano i Poeti, del sangue di Medusa. Percioche la virtù, quando ella hà tagliato il capo allo spauento, genera la Fama; e per lo capo di Medusa s'intende lo spauento e la marauiglia. La fama poi, si tosto ch'ella è nata, comincia à volare per bocca de gli huomini, e fà sorgere il

fonte

fonte delle Muse in Parnaso; perche l'honorate attioni delle persone illustri, danno materia di scriuere à gli historici e poeti: sì come daraño ogn'hora le degne imprese di questo magnanimo Signore. Il motto dell'impresa è questo mezo verso del Petrarca;
CHE TRAHE L'HVOM DEL SEPOLCRO.
M. Alamanno Saluiati è gentil'huomo molto modesto e cortese, e tale, che se Fiorenza hauesse molti altri simili à lui in bontà d'animo e'n prontezza di giouare e far beneficio à ogni persona, ella veraméte si potrebbe chiamare la prima città d'Europa di gentilezza, si com'è di bellezza e magnificenza d'edifici. Percio ch'egli è persona tanto libera, e schietta, che da lui si possono più tosto sperare magnifici e reali effetti, che vane e leggieri parole. Però hauendomisi anch'egli obligato con le sue cortesi maniere, per non essere ingrato affatto verso di lui, sì come anchora io m'ingegno di non essere con nessun'altro; gli ho fatto la sua impresa; ch'è la proboscide dell' Elefante. Perche sicome l'Elefante con la proboscide sola fa quasi tutti i seruigi, che gli bisognano; percioche se ne serue in cambio di mano: con essa bee; con essa si mette il cibo in bocca; e la porge al suo maestro, à cui egli si mostra vbidientissimo in tutti i suoi commandamenti; così quando egli gli vuole salir sul collo, come quando vuole scendere in terra. Con essa sueglie gli alberi, toglie l'armi di mano in
bataglia

bataglia à coloro che combatono; getta gli huomini da cauallo, e fà di molte altre marauiglie, ch'io lascio à dietro. Così per questa figura hò voluto mostrare vn'huomo ricco; vn che non habbia punto bisogno d'altrui; ilquale sicuramente possa dire, Tutta la mia speranza è posta dopò Dio in me stesso: che tale senz'alcun dubbio è questo modestissimo gentil'huomo. Il motto suo è; SVIS VIRIBVS POLLENS. Riceuei già molti segni d'amoreuolezza e di cortesia da vn gentil'huomo Tedesco, che si chiamaua il Signor Lionardo Curz; ch'essendo stato alcuni mesi in Napoli, città, si come voi sapete, molto inclinata alle delitie & à piaceri, e sentendosi sul fior de glianni suoi, e ben denaioso, s'inuaghì d'vna Signora: con laquale pigliandosi piacere e bel tempo, in poco spatio di tempo consumo molte migliaia di scudi. Ma finalmente accortosi del suo errore, e conosciuto, doue la giouanezza e le finte lusinghe l'haueuan còdotto, prese vn'ottimo còsiglio, e così si partì di Napoli per vscire delle reti amorose. Volendo io dunque figurare questa sua nobile deliberatione, feci vna impresa d'vn Ceruo, che stia mezo nascoso in vna fossa. Percioche questo animale, poiche egli hà vsato con la femina, si dilegua da se stesso, e per lo puzzo della libidine stando soletario caua vna fossa, e quiui si stà, fin che viene vna grossa pioggia, che lo laui tutto; e poi ritorna à pascere. Il motto ch'io gli feci, diceua cena, LASCIVIAE POENITENTIA. Feci ancho vn'altra impresa delle corna del Ceruo con vna ghirlanda d'alloro intorno al S. Agosto d'Adda, gentil'huomo Milanese, ilquale di mercante, ch'egli era stato prima, non pure era diuenuto ricchissimo, ma anchora nobiliss. e Signore; così haueua egli hauuto amica e fauoreuole la Fortuna, laquale non suole però tuttauia perseguitare i buoni. E così bene e virtuosamente dispensaua poi le sue ricchezze, che più tosto pareua nato Rè, che priuato cittadino. Morì questo splendidissimo gentil'huomo già sei anni sono con grandissimo danno e dolore di tutti i vrtuosi. E con questa impresa volsi mostrare la varietà della sorte. Percioche sì come a' Cerui soli fra tutti glialtri animali, secondo che scriue Aristotele, caggiono e rimettono le corna: così la Fortuna gouernandosi à capriccio, vsa d'alzare chi le pare di basso stato à gli honori e alle ricchezze, rade volte però mostrando giudicio, com'ella haueua mostro nel S. Agosto: ilquale per la sua generosissima natura non solamente era degno delle grandissime facultà, ch'egli haueua, ma meritaua le signorie e' Regni. Il motto fu; FORTVNAE VICISSITVDO. Dal S. Battista Visconte, che fu del S. Hermete, mi fu già vsata liberalità & amoreuolezza, onde io lo giudicai degno possessore di quelle molte sostanze, che la Fortuna gli hà donate, per honorarne la virtù sua. A questo

liberaliss

liberalißimo Signore feci vna impresa assai vistosa, pure con la figura del Ceruo, che nuota in mare; ilquale hà tale e così acuto odorato, che anchora che non vegga la terra, nuota all'odor d'essa. Volendo perciò dire, come questo gentilißimo Signore è tanto affettionato alla virtù, che solo al fiuto la conosce e cerca. Il motto dice; TRACTVS ODORE. L'illustrißimo e Reuerēdißimo Signor Cardinal di Ferrara, oltra la nobiltà dell'antichißima casa da Este,è così splendido e magnanimo Signore, quanto alcun'altro che sia in quel sacro collegio; giustißimo, integerrimo, e modesto, amatore e fautore de gli huomini virtuosi e letterati, de' quali infiniti n'hà sempre nella sua honoratißima corte. Di questo singolarißimo Signore sono io tenuto fare celeberrima memoria non solo per l'obligo, ch'io tengo alla sua cortesia, ma per merito delle sue chiarißime virtù. Però gli feci io già vna impresa, laquale è ben ragione, che ceda à quella, che Monſ. Giouio gli diede per rouescio d'vna medaglia, che hauea fatta di lui Domenico Poggini, orefice e scultore Eccellentiß. con industria & artificio mirabile, quando sua Sign. Illust. era al gouerno di Siena pel Rè di Francia. POM. Diteci l'vna e l'altra, vi prego, che l'hauremo carißi. LODO. Anzi sia bene, che'l discepolo dia luogo al maestro. Dico dunque, che'l Giouio fece fare per rouescio à quella bellißima medaglia vna Lupa, figurata,

rata, come voi sapete, per la città di Siena, laqual'era dinanzi à vn giouane vestito all'antica, col Giglio sopra il capo, inteso pel Rè Christianiss. ilqual gioua- ne metteua di sua mano vn collare di ferro di quei, che portano i mastini per lor difesa, al collo alla Lu- pa, per assicurarla dal morso de' Cani. Volendo com'io credo, intendere, che sua maestà Christianissima ha- uendo posto in Siena così prudente e giusto gouerno, l'haueua assicurata dall'insidie de' suoi nemici. Il mot- to, se mi ricorda bene, diceua; SECVRA CONTEM NIT CANES. Io feci vn'altra impresa al Conte Vinciguerra di Collalto. AR.N. Deh non ci vogliate rubare quella, che voi faceste al Cardinal di Ferrara. LOD. Io son contento piacerui, ma però con questo, che non m'habbiate per presontuoso, credendo ch'io ardisca far paragone alle cose del Giouio: che ciò sa- rebbe come vn volere agguagliare il piombo all'oro. Però vi dico, ch'io gli feci per impresa vn pesce chia- mato Polpo, ilquale hà così dolce & soaue odore, che douunque egli và, di continuo è seguitato da vna grandissima schiera d'altri pesci, iquali sono inua- ghiti & allettati dalla soauità d'esso Polpo. Volendo dimostrare, come la rara virtù e gentilezza di que- sto dignissimo Signore, hà così marauiglioso odore, che si tira dietro tutti i virtuosi e galant'huomini. Il motto dice, SIC TVA NOS VIRTVS. È que- sto motto serue a' pesci, che seguono il Polpo, & à gli-

S

huomini letterati e buoni, che si traggono all'odore delle virtù del Cardinale. Hor per tornare al Conte Vinciguerra di Collalto, dico che la singolare humanità e magnificenza di questo amoreuole Signore è tãta e tale, che s'hà fatti schiaui e diuoti tutti i belli spiriti dell'età nostra. E benche io sia come nulla appresso loro, nondimeno per sodisfare in quel miglior modo, ch'io posso all'obligo particolare, ch'io tengo seco, per essere io stato fauorito e beneficato da lui, gli feci per impresa vn Cigno, ilquale volando per l'aere & hauendo in bocca il glorioso nome del Conte Vinciguerra, lo porta à cõsacrare al tempio dell'Eternità: come senz'alcun dubbio auuerrà per merito delle virtù sue. Il motto dice; COELO MVSA BEAT. Il Signor Don Consaluo Ferrante di Cordoua, Duca di Sessa, ilquale nacque della S. Donna Eluira, che fu figliuola del gran Capitano, è vno de' più nobili, più virtuosi Signori, c'habbia tutta la Spagna, e di così grande e generoso animo, che alla sua realissima liberalità poco sarebbe loro delle Indie nuoue. Di questo splendidissimo Signore dirò poco, per non iscemargli honore: questo solo voglio dire, ch'egli mi honorò di tal modo e con parole amoreuoli e con atti cortesi, che quando io scriuessi e ragionassi sempre in lode di lui, non mi riputerei sodisfare à meriti suoi, nè al debito mio. Ma nondimeno dandogli io quel, ch'io posso, sarò in parte scusato. Feci dunque vna impresa

presa à sua Eccell. laquale è vn Leone & vn Cinghiale congiunti à vn giogo; volendo per cio dimostrare, come questo Illustriss.Signore hà accompagnato insieme le virtù dell'animo e le forze del corpo; significando pel Leone il vigor dell'animo, e pel Cinghiale la forza del corpo. Percioche queste due parti sono lodeuolmente vnite nella persona del Sign. Duca di Sessa. Il motto dice in lingua Spagnuola; CON ESTAS GVIAS. Il Signor Iacopo Sesto Appiano d'Aragona, Signor di Piombino è molto nobile e cortese Signore, e non hà molti mesi, ch'egli spinto dalla sua natural liberalità e gentilezza d'animo, si degnò d'honorarmi con cortesia di fatti e di parole, conformi alla nobiltà del cor suo. A questo virtuoso e magnanimo Signore, che merita molto maggiore honore, hò fatto vna impresa, à mio giudicio, conueniente à meriti suoi; laquale è il tempio dell'Honore, e'l tempio della Virtù, congiunti l'vno all'altro, di modo, che non si può entrare nel tempio dell'Honore, senon per quello della Virtù: sicome fu già dedicato in Roma da Marco Marcello. Doue io voglio mostrare, che questo gentiliss.Signore caminando (come ei fa di continuò) per le sue virtuose operationi, arriuerà senza dubbio e tosto al supremo grado d'honore. Il motto dice; QVO TVA TE VIRTVS. L'illustriss.& eccellentiss.Signore il S. Guido Vbaldo secondo Duca d'Vrbino, è virtuosiss. e molto magnanimo Signore, e vero prencipe, e perciò degno non so lamente di quel feliciss. e tranquillo stato, che legitimamente ci possiede; ma d'hauer l'imperio del mondo per esser' egli giustissimo, affabile, & humano; tanto ch' egli hà tutti i suoi vassalli per figliuoli e per fratelli. Ond'essi hanno ben cagione di viuere lieti e contenti, e di ringratiar Dio, che habbia lor dato sì benigno e tanto Signore. E non pure i suoi sudditti, ma tutti gli huomini di buona intentione & amici al nome Italiano, debbono desidergli lunghissima vita e perpetua felicità. Mantiene questo amabiliss. Signore appresso di se, e liberalmente fauorisce huomini di buone lettere e d'ottimi costumi, sì com'è il S. Mutio Giustinopolitano, il quale per la sua rara virtù e singolar bontà d'animo, hoggi è tenuto in gran pregio e molto riuerito dal mondo; e per li dottissimi e moraliss. scritti suoi celeberrimo, e dignissimo d'eterna fama. POM. Il Signor Duca d'Vrbino hà tali e così illustri essempi innāzi de' suoi precessori, che quando da se stesso egli non fusse ottimo e virtuoso, sarebbe stimolato da quegli à fare opere lodeuoli e conuenienti al grado, che tiene. LOD. Per nō tralignare dunque da' suoi santissimi maggiori, iquali furono famosissimi in pace & in guerra, tiene di continuo sì lodata & esemplar vita; che dopò se lascierà di se fama di rarissimo Prencipe, & inuiterà gli scrittori, de' quali è molto benemerito, à far perpetua

petua historia de' suoi nobiliss. fatti. Volendo io dunque, sì come io son tenuto, mostrare alcuna gratitudine de' benefici e fauori riceuuti da sua Eccel. Illustrissima; feci vna impresa, ch'è vn Carro trionfale tirato da quattro cauai bianchi, con la corona dell'alloro sopra esso, e con tutti quegli ornamenti, che vsauano in ciò gliantichi Romani, col motto, che dice; MERITIS MINORA. Doue io voglio inferire, che i trionfi sono assai minori de' meriti suoi. ARN. Io vidi, non è molto, passando per Vrbino, doue la fama di quella nobiliss. libraria m'hauea tratto, vna impresa, laquale mi fu detto, ch'era di quello Eccel. Prencipe; ciò eran tre Piramidi senz'alcun motto. Sapresteми voi dire, M. Lodouico, qual fosse la intention sua? LOD. Certo non ve ne saprei dir nulla, anchor che io meriti in ciò qualche riprensione; perche il difetto fu mio. Ch'essendo io stato questo Luglio passato alla Corte d'Vrbino, la doue io fui molto accarezzato e ben visto dal S. Duca, e da' suoi gētil'huomini, se io n'hauessi domandato il dottiss. e gentilissimo M. Antonio Gallo, ò l'ingegnosissimo M. Bartolomeo Gēga, l'vno e l'altro, per lor cortesia, me l'haurebbe dichiarato. Ben potrei farui sopra qualche ragioneuole discorso, e darui alcun verisimile intelletto: ma il medesimo è molto meglio di me potete far voi con la sublimità & acutezza de' vostri diuini ingegni. Farò dunque fine à benefattori miei, ma prima ch'io finisca il mio ragionamento, mi son risoluto di volerlo cōchiudere col maggior Prencipe e Rè de' Christiani, ilquale è il Sereniss.e potentiss. Don Filippo d'Austria, figliuolo dell'Inuittiss. Carlo Quinto Imperadore, Rè d'Inghilterra, e Prencipe di Spagna. E benche forse vi parrò troppo ardito à parlare di così gran Prencipe; nondimeno voglio, che'n ciò mi scusi la deuotione, che io porto à sua Maestà; e'l nō hauere anchora inteso, che così grandissimo Rè habbia leuato impresa. Però vi dico, come essendo io nuouamente, e non sò quasi come, entrato in questo humore così diuerso e lontano da' miei studij, mi son tanto lasciato lusingare dal pensiero, che temerariamente forse, n'hò sognato vna per sua M. laquale è l'antico Circo Romano, dou'è posto vn velocissimo cauallo, che postosi in corso, è vscito del Circo, & hà trapassato la meta. Il motto è preso da vn mezo verso di Giouenale, dicēdo: NON SVF-FICIT ORBIS. E certo, s'io non m'ingāno nelle mie cose, questa impresa assai ben cōuiene à così gran Rè per più rispetti, sì per ragionare il verso intero del poeta d'Alessandro Magno, col quale sua M. hà tanta conuenienza; come per auanzare ella di gran lunga, la impresa del Christianiss. Rè Arrigo; ilquale hauendo figurato la Luna crescente col motto; DONEC TOTVM IMPLEAT ORBEM; par che si cōtenti dell'Imperio del mondo. Doue il Rè Filippo non contento de' molti Regni, ch'ei possiede legittima gittimamente per succeßion paterna, hà ottenuto anchora il ricchißimo regno d'Inghilterra, ilquale si può dire, che sia fuor del mondo con l'autorità del Poeta; Et penitus toto diuisos orbe Britannos. Oltra che considerando al grande acquisto dell'Indie Occidentali fatto dal felicißimo suo padre, può ragioneuolmente dire, che non gli basti vn mondo. E però Dio prosperando questo suo magnanimo pēsiero, glie ne va tuttauia scoprendo e sottomettendo de' nuoui. Hora non mi parendo di potere più altamēte terminare il mio ragionamēto, gli farò fine in questo gran diß. Signore: ringrantiandoui, sicome io debbo, della grata e cortese vdienza, che mi hauete data con intentione di voler renderui il cambio, e di più d'hauerui obligo infinito, quando à ciascun di voi piacerà ragionarmi d'alcuno honorato soggetto degno de' vostri studÿ. P O M. Io per me mi offero sempre prontißimo à sodisfare al vostro honesto desiderio; benche io mi conosca più tosto atto à imparar da voi, che à insegnarui. Ma prima ch'io pigli licenza da voi, io vorrei pur dirui anchora io la mia impresa, se vi contentate. L O D. Anzi me ne farete fauor infinito. P O M. Ciò è l'Orige, ch'è vno animaletto terrestre, ilqual nasce in Africa: e perche voi sapete; che quiui è carestia d'acqua, patisce anchora egli grandißima sete & arsura. Egli è però di tal sustanza e pieno di tanto succo, ch'egli hà addosso, che serue

S 4

per ottima e dilicata beuanda a' ladri, i quali vanno à rubare in quel paese. Sì che à me parrebbe, che questa inuentione più tosto conueniſſe à voi, ilquale date ſi dolce beuanda à gli altri, prouedendo ogn'vno di belliſſime impreſe; e voi vi morite di ſete. Però anchor'io ne voglio dare vna à voi, accioche ſicome il ragionamento voſtro hebbe principio & occaſione da vna voſtra medaglia; così il medeſimo termini & habbia fine in vna voſtra impreſa. Aſſomiglierò dunque voi alla Conca marina, onde naſcono le Margherite e Perle, laquale ſi apre da ſe ſteſſa, e ponſi al ſole aperta; e quanto è più chiaro e più ſereno il giorno, tanto produce più lucida e fina perla; e'l motto ſia queſto. LOD. Voi m'honorate troppo più, ch'io non deſidero, e ch'io non merito. Però vene rendo molte gratie, & à Dio v'accomando. POM. Et io vi laſcierò, eſſendo già l'hora tarda, e chiamandomi l'vfficio mio à viſitar coloro, c'hanno biſogno dell' induſtria & opera mia.

IL FINE.

TAVOLA DELL'IM-
PRESE MILITARI ET AMO-
rose di Monf. Paolo Giouio Vescouo di Nocera.

Ome il portare imprese è stato costume antico. carte 9
Impresa d'Anfiarao secondo Pindaro. 9
Impresa di Capaneo. 10
Impresa di Polinice. 10
Impresa di Cimbri. 10
Impresa di Pōpeo Magno. 10
Impresa di Tito Vespasiano. 10
Impresa d'Orlando, Rinaldo, Danese, Oluieri, Salomon di Brettagna, Astolfo, e Gano. 10
Vsauano l'imprese i Baroni della tauola ritonda d'Artù glorioso Rè d'Inghilterra. 10
L'insegne delle famiglie uenute in uso à tempo di Federigo Barbarossa. 11
Le conditioni uniuersali, che si ricercano per far perfetta impresa. 12
Che all'impresa si ricercano cinque conditioni. 12
Prima giusta proportione d'anima e di corpo. 12
Seconda, che non sia troppo oscura, nè troppo chiara. 12
Terza, che habbia bella uista come di Stelle, Soli, Luna, Fuoco, Acqua, Arbori uerdeggianti, Istrumenti mecanici, Animali bizzarri, uccelli fantastichi. 12
Quarta, che non habbia forma humana. 12
Quinta, che habbia il motto di lingua diuersa, dall'idioma di chi fa l'impresa. 12
Impresa di Cesare Borgia Duca di Valentinois. 13
Impresa di D. Francesco di Candia. 13

S 5

TAVOLA.

Impr. di Carlo di Borbone. 14
Impre. della Signora Hippolita Fioramonda Marchesana di Scaldasole. 16
Impre. di M. Giason del Maino. 17
Impresa del Duca Lorenzo de' Medici. 17
Impresa di Rafaele Riario Cardinale di S. Giorgio. 19
Impresa di Bastiano del Mancino. 20
Impresa di Pan Molena. 21
Impresa di M. Agostino Forco di Pauia. 21
Impresa del Caualier Casio Poeta Bolognese. 21
Impr. di Galeotto dalla Roue re Cardinale di san Pietro in uincula. 22
Impresa di Castruccio Castracani Signor di Lucca. 23
Impresa del signor principe di Salerno. 23
Impresa dell'Imperatore Carlo quinto. 24
Impresa de' Signori Caualieri de l'ordine del Toson, & che importino i focili, & il uello del Montone. 25
Impre. di Carlo Duca di Borgogna. 26
Impresa di Lodouico duodecimo Re di Francia. 27
Impresa di Carlo ottauo Re di Francia. 28
Impresa di Francesco primo Re di Prancia. 28
Impresa d'Henrico secondo Re di Francia. 30. 31
Impresa del Re Catholico. 32
Impresa del signor Don Diego di Medozza figliuolo del Cardin. di Trento. 33
Impresa del signor Caualier Porres. 33
Impresa di don Diego di Gusman. 34
Impresa del signor Antonio da Leua. 35
Impresa d'Alfonso primo Re di Aragona. 36
Impresa del Re Ferrante suo figliuolo. 37
Impresa d'Alfonso secōdo Re d'Aragona. 38
Impresa del Re Ferrandino suo figliuolo. 39
Impresa del Re Federigo. 40
Impresa di Francesco Sforza Duca di Milano. 42
Impresa del Duca Galeazzo suo figliuolo. 42
Impresa del Duca Lodouico fratello

TAVOLA.

fratello del predetto. 43
Impresa di Giouanni Cardinale de Medici, che fu Papa Leone. 45
Impresa del piu uecchio Cosmo de Medici. 46
Impresa del maggior Lorenzo de Medici. 47
Impresa del maggior Pietro de Medici. 48
Impresa dell'altro Pietro de Medici. 49
Impresa del maggior Giuliano de Medici. 50
Impresa di Papa Clemente. 51
Impresa d'Hippolito Cardinale de Medici. 53. 54
Impresa del Duca Alessandro de Medici. 55
Imprese di Cosmo Duca di Fiorenza. 57. 60
Impresa del Signor Virginio Orsino. 61
Impresa del Conte di Pitigliano. 63
Impresa del signor Prospero Colonna. 64
Imprese del Signor Fabritio Colonna. 65
Imprese del Signor Marc'Antonio Colonna. 68. 69
Impresa del Signor Mutio Colonna. 71
Impresa de' signori Colonne$ uniuersale à tutta la casa. 73
Impresa del signor Bartolomeo d'Aluiano. 74. 76
Impresa di Francesco Gonzaga signor di Matoua. 78
Impresa del Sign. Giouan Iacopo Triuultio. 79
Impresa del Duca di Ferrara. 80
Impresa di Francesco Maria Duca d'Vrbino. 81
Impresa di Mosig. Paolo Giouio. 83
Impresa del Signor Ottauiano Fregoso. 83
Impresa del Signor Girolamo Adorno. 84
Imprese de' Signori Sinibaldo & Ottobuono Fieschi. 86
Impresa del Signor Sinibaldo Fieschi. 89
Impresa del S. Giouan Paolo Baglione. 91
Impresa del Capitano Girolamo Mattei Romano. 93
Impresa del Signor Marchese del Vasto. 94
Impresa del Signor Conte Pietro Nauarro. 96

Impresa

TAVOLA.

Impresa del Sign. Marchese di Pescara. 98
Impresa di Monsignor della Tremoglia. 100
Impresa di Luigi di Lucimburgo. 101
Impresa di Carlo d'Amboisa gran Maestro e Signor di Chiamon. 102
Impresa del Sign. Francesco Sanseuerino conte di Gaiazzo. 103
Impresa d'Ebrardo Stuardo monsignor d'Obegni. 104
Impresa del Signor Duca di Malfi. 105
Impresa del Signor Duca di Thermoli. 108
Impresa del Signor Conte di Matalone. 109
Impresa del S. Giouan Battista Castaldo. 110
Impresa della S. Vittoria Colonna Marchesana di Pescara. 112
Impresa della S. Maria d'Aragona Marchesana del Vasto. 113
Impresa di Monsig. Odetto di Fois. 115
Impresa del Signor Theodoro Triuultio. 116
Imprese del Signor Marchese del Vasto. 119.121
Impresa del S. Luigi Gonzaga. 122.123.124
Impresa del Signor Conte Santa Fiore. 126
Impresa di Monsig. di Gruer. 127
Impresa del Signore N. 128
Impresa del Cardinal Ascanio. 130
Impresa del Cardinal Hippolyto da Este. 132
Impresa del Cardinal d'Aragona. 134
Impresa del Cardinal di Gonzaga. 134
Imprese del Cardinal Farnese. 135.136
Impresa di Papa Paolo tertio. 137
Impresa del magnifico M. Andrea Gritti. 138
Imprese della Signo. Isabella Marchesana di Mantoua. 139.141
Impresa del Sig. Don Andrea Gonzaga. 141
Impresa del signor Don Francesco Gonzaga. 143
Impresa del Duca Federigo. 143

Impre

TAVOLA.

Impresa del Sign. Don Ferrante Gonzaga. 143
Impresa del Sign. Galeazzo Visconte. 144
Impresa del Conte Nicola da Campo basso. 145
Impresa di Matthia Coruino Rè d'Vngheria. 146
Impresa di Giouanni Schiepusense Rè d'Vngheria. 147
Impresa del Duca d'Vrbino. 148
Impresa del signor Stefano Colonna. 149
Impresa della S. Duchessa di Fiorenza. 140
Impresa di M. Iacopo Sannazaro. 141
Impresa di M. Lodouico Ariosto. 143
Imprese d'Erasmo Roterodamo. 144
Impresa di M. Andrea Alciato. 145
Impresa di Mōsig. Paolo Giouio. 146
Impresa di M. Camillo Giordani. 148
Impresa di M. Giulio Giouio. 149
Imprese di M. Lodouico Domenichi. 150. 151
Impresa del Caualier Castellino di Beccaria. 153
Impresa del Caualier della Volpe. 154
Impresa del Caualier Chiuchera. 156

TAVOLA

TAVOLA DELL'IM-
PRESE HEROICHE ET
MORALI DI M. GA-
BRIELLO SYMEONI.

Impresa d'Augusto. 164
Impresa di Tito. 165
Impresa del re Delfino. 166
Impresa de la Reina de Francia. 167
Impresa de la Reina di Nauarra, e madama Margherita di Valois. 168
Impresa del Re, e Reina di Nauarra. 169
Impresa del Conestabile di Francia. 170
Impresa di M. de Guisa. 171
Impresa de la Duchessa di Valentinois. 172
Impresa d'un gran Signore. 173
Impresa del Principe di Melfi. 174
Impresa d'un huomo ingiustamente offeso. 175
Impresa d'un amico innamorato. 196. 208
Impresa d'un amico finto. 198
Impresa d'un huomo quereloso. 199
Impresa d'un huomo senza ragione. 200
Impresa d'un merito rubato. 201
Impresa del bene meritato per uirtu. 202
Impresa di Cesare Borgia. 203
Impresa di Madama Bona di Sauoya. 204
Impresa di Renato re di Sicilia. 205
Impresa d'un fidele amico o seruitore. 206
Impresa di uirtu oppressa. 207

Impresa

TAVOLA.

Impresa di Consaluo Fernan=
do. 209
Impresa del signor di Sanua=
liere. 210
Impresa di patienza offesa.
211
Impresa per conoscere un
huomo. 213
Impresa de l'ugualità dopo la
morte. 214

Impresa di danari male acqui
stati. 216
Impresa di M. Matteo Bal=
bani. 218
Impresa di uera nobiltà. 220
Impresa d'un huomo impla=
cabile. 221
Impresa d'un beneficio grato.
223
Impresa per gli ingrati. 224

TAVOLA

TAVOLA DELL'IM-
PRESE ET ALTRE COSE
notabili comprese nel Ragionamento
di M. Lodouico Domenichi.

A

Alciato scrisse dell' Imprese. a carte 228.
Alloro non è toccato dal folgore. 231
Amanti uedono & intendono ogni cosa. 235
Aquila non mai fu morta da saetta. 266
Aquila, perche si dice, che porta l'arme di Gioue. 269

C

Cane significa memoria, fede & amicitia. 268
Ceruo poi c'ha usato con la femina, si nasconde in una fossa. 270
Ceruo ha mirabile odorato. 272
Commendatione hauuta del Signor Clemente Pietra. 241. 242
Cicogna pietosa uerso padre e madre. 232

E

Echino pesce ritarda una naue dal suo corso. 245
Effetto della fama. 268
Elefante honora Dio, & osserua religione. 265
Elefante quanti effetti fa con la proboscide. 269
Elefante si purifica nel fiume ogni nuoua Luna. 265
Elefante infermo scaglia herbe al cielo chiedendo aiuto. 265

F

Fare imprese conuiensi ad huomini dotti e capricciosi. 264
Fenice in gratia di M. Gabriel Giolito. 225
Folgori di tre sorti. 227

G

Gieronymo Ruscello ha scritto dell'Imprese. 233
Giouan Iacopo de' Medici fauorito dalla fortuna in uita, & in morte. 235

Giouan

TAVOLA.

Giouan Battista Castaldo O=
 racolo d'armigeri. 258.
 259
Giouani huomini uaghi di co=
 se nuoue. 234
Grata audientia è la satisfat=
 tione di chi parla. 229
Giouio d'ogni soggetto parlò
 con dignità. 228

H
Honore e fama si perde per
 nostro, non per altrui di=
 fetto. 264

I
Impresa del Domenichi. 227
Impresa di M. Luca Pitti.
 230
Impresa della S. Hippolita Fio
 ramonda. 230
Impresa della S. Agnola de
 Rossi. 230
Impresa del S. Hermete Stam
 pa. 231
Impresa seconda del S. Her=
 mete. 231
Impresa del Sign. Massimiano
 Stampa. 232
Impresa del Conte Brunoro
 Pietra. 232
Impresa del Conte Battista
 da Lodrone. 233
Impresa del Duca Francesco
 Sforza. 233
Impresa de' Napolitani. 234
Impresa di Giouan Iacopo de'
 Medici. 234
Impresa del Cardinal uecchio
 di Trento. 225
Impresa di Christoforo Ma=
 druccio Cardinal di Tren=
 to. 225
Impresa di Otto Truchses,
 Card. d'Augusta. 226
Impresa del S. Gasparo del
 Maino. 226
Impresa di Federigo Duca di
 Mantoua. 227
Impresa del Conte Mauritio
 Pietra. 227
Impresa dell'Academia di Sue
 gliati. 227
Impresa della moglie del S.
 Pietro Paolo Arrigone. 227
Impresa ridicolosa d'una Ca=
 tena. 228
Impresa ridicolosa d'un gio=
 go. 229
Impresa sciocca d'una barba
 di huomo. 229
Impresa del Signor Duca Cos
 mo. 230
Impresa delle Ancore del S.
 Duca Cosmo. 230
Impresa della Sig. Alda To=

T

TAVOLA.

rella. 231
Impresa del Signor Carlo Orsino. 231
Impresa di D. Diego di Mendozza. 232
Impresa del Signor Alessandro Piccolomini. 233
Impresa di donna ingannata dal suo amante. 235
Impresa dell' Academia de gli Intronati in Siena. 236
Impr. di Leone Orsino. 237
Impresa dell' Academia de gli Eleuati in Ferrara. 237
Impresa dell' Academia della chiaue. 238
Impresa dell' Academia de Trasformati. 230
Impresa dell' Academia de gli Hortolani. 239
Impresa dell' Academia de Sonnacchiosi. 240
Impresa d'Academici Fiorentini. 240
Impresa prima del Sign. Clemente Pietra. 240. 241
Impresa seconda del medesimo. 241
Impresa terza del medesimo. 241
Impresa quarta del medesimo. 242
Impresa quinta del medesimo. 242
Impresa sesta del medesimo. 244
Impresa del S. Giouan Battista Boticella. 245
Impresa della famiglia Boticella. 245
Impresa del Conte Antonio Lanchiano. 246
Impresa d'Hippolito Girami. 247
Impresa di Giouan. Battista Pizzoni. 248
Impresa di Bartolomeo Gottifredi. 248
Impresa di Francesco Campana. 249
Impresa del S. Gio. de' Medici. 250
Impresa di Gasparo Adouardo. 251
Imprese fatte dal Domenichi. 251
Imp. del S. Duca Cosmo. 252
Imprese del Card. di Rauena. 252
Impresa di D. Luigi di Toledo. 252
Impresa del S. Anto. da Lucca. 252
Impresa di un gentil'huomo

Paue

TAVOLA.

Pauese. 253
Impresa del S. Chiappin Vi=
telli. 255
Impresa del S. Pirrho da Sti=
picciano. 255
Impresa del Conte Battista
d'Arco. 256
Impresa del S. Sforza Palaui=
cino. 257
Impresa del S. Sforza Almeni.
258
Impresa del Sig. Giouan Bat=
tista Castaldo. 258
Impresa di chi non uuole esser
forzato. 261
Impresa di chi non cede alla
fortuna. 261
Impresa della S. Liuia Tor=
niella. 262
Impresa del S. Nicolò Puster=
la. 263
Impresa di huomo à cui la
moglie fa ingiuria. 264
Impresa del S. Camillo Caula.
265
Impresa del Conte Collatino
da Collalto. 266
Impresa d'Antonio Altouiti.
267
Impresa del S. Giouan Vin=
centio Belprato. 268
Impresa di M. Almanno Sal=
uiati. 269
Impresa del S. Leonardo
Curz. 270
Impresa del S. Agosto d'Ada.
271
Impresa del Sig. Battista Vi=
sconte. 271
Impresa del Cardinal di Fer=
rara del Giouio. 272
Impresa del Cardinal di Fer=
rara del Domenichi. 272.
273
Impresa del Conte Venciguer
ra. 273
Impresa di Don Consaluo Fer
rante. 274
Impresa del S. Iacopo Sesto
Appiano. 275
Impresa del S. Guidobaldo
Duca d'Vrbino. 275
Impresa di Dō Filippo d'Au=
stria re d'Inghilterra. 278
Impresa di D. Filippo uince
quella d'Arrigo di Fran=
cia. 279

L

Lingua Spagnuola capace de
ogni ornamento. 233

M

Marito dishonorato della mo
glie si chiama infelice per
opinione del uolgo. 264

T 2

TAVOLA.

Molti dell'imprese si faccino dissimili dalla lingua, nella quale parliamo. 228
Motto è l'anima dell'impresa. 230
Motto senza impresa è anima senza corpo. 230

N
Natura del Signor Giouanni de' Medici. 250

P
Palle de' Medici. 232
Pegaso Cauallo significa la fama. 268
Pelicano come risuscita i morti figliuoli. 226
Pietro Strozzi rotto dal Marchese di Marignano. 231
Pino ha d'ogni tempo frutti maturi. 266
Polpo pesce per lo suo odore è seguito da una schiera de' pesci. 273
Prelati e Signori Ecclesiastici portano impresa. 225
Proprietà del pettine granchio. 244

R
Ramarro quello, che piglia non lascia. 226
Ramarro non ua in amore, come gli altri animali. 226

Ritratto del Pogino. 253

S
Seleucide uccello nimico alle locuste. 242
Seleucide uccello nõ si sa doue habiti. 242
Significatione dell'impresa di M. Luca Pitti. 229
Significatione della prima impresa del S. Hermete Stampa. 231
Significatione della seconda impresa del medesimo. 231
Significatione dell'impresa del S. Massimiano Stãpa. 232
Significatione dell'impresa del Conte Brunoro. 333
Significatione dell'impresa del Conte Battista da Lodrone. 233
Significatione dell'impresa de' Napolitani. 234
Significatione dell'impresa del signor Giouan Iacopo de' Medici. 234
Significatione dell'impresa del Cardinal uecchio di Trēto. 235
Significatione dell'impresa di Christoforo Madruccio Cardinal di Trento. 235
Significatione dell'impresa di Otto

TAVOLA.

Otto Truchses Cardinal di Trento. 226
Significatione dell'impresa del S. Gasparo del Maino. 226
Significatione dell'impresa di Federigo Duca di Mantoua. 226
Significatione dell'impre. del signor Mauritio Pietra. 227
Significatione dell'impre. dell'Academia de' Suegliati. 227
Significatione dell'impr. delle Ancore di Cosmo Duca. 230
Significatione dell'impr. della signora Alda Torella. 231
Significatione dell'impre. del signor Carlo Orsino. 231
Significatione dell'impresa di Don Diego di Mendozza. 232
Significatione della impresa d'una donna abbandonata dal suo amante. 235
Significatione dell'impr. dell'Academia de gli Intronati 236
Significatione dell'impresa di Leone Orsino. 237
Significatione dell'impre. dell'Academia de gli Eleuati. 238
Significatione dell'impre. de' Sonnacchiosi. 240
Significatione dell'impre. del sign. Clemēte Pietra. 240
Significatione della secōda impresa del medesimo. 241
Significatione della terza impresa del medesimo. 241
Significatione della quarta impresa del medesimo. 242
Significatione della quinta impresa del medesimo. 242
Significatione della sesta impresa del medesimo. 242
Significatione dell'impre. del signor Giouan Battista Boticella. 245
Significatione dell'imp. del S. Antonio Landriano. 246
Significatione ingeniosa de Hippolito Girami. 247
Significat. dell'imp. di Giouā Battista Pinzoni. 248
Significatione dell'imp. di Bartolomeo Gottifredi. 248
Significatione dell'impresa di Francesco Campana. 249
Significatione dell'imp. di Dō Luigi di Toledo. 252
Significatione dell'impre. del

TAVOLA.

S. Chiappino Vitelli. 255
Significatione dell'impre. del signor Pirrho da Stipicciano. 255
Significatione dell'impre. del signor Sforza Palauiano. 257
Significatione dell'impre. del signor Sforza Almeni. 258
Significatione dell'impre. del signor Giouan Battista Castaldo. 258
Significatione dell'impre. del signor Camillo Caula. 265
Significatione dell'impre. del Conte Collatino dal Collalto. 266
Significatione dell'impre. del signor Antonio Altouiti. 267
Significatione del impr. del S. Giouan Vincentio Belprato. 268
Significatione dell'impr. di M. Alamanno Saluiati. 269
Significatione misteriosa del Sig. Agosto d'Ada. 271
Significatione dell'impre. del Sig. Battista Visconte. 271
Significatione dell'impre. del Cardinal di Ferrara. 272
Significatione dell'impr. di Dõ Consaluo Ferrante. 274
Significatione dell'impre. del signor Iacopo Sesto Appiano. 275
Significatione dell'impre. del signor Guidobaldo Duca d'Vrbino. 277
Significatione dell'impresa di Don Filippo d'Austria Rè d'Inghilterra. 278
Spagnuoli d'ingegno pellegrino. 232. 233

V

Vaso di fiori folgorato, che significa. 227
Virtù cacciato'l timore, generà la fama. 268
Vittoria e pace significa l'impresa di Francesco Sforza. 233
Vso comune ha forza di legge. 233

IL FINE DELLA TAVOLA.

www.ingramcontent.com/pod-product-compliance
Lightning Source LLC
Chambersburg PA
CBHW071303110426
42743CB00042B/1158